LES FEMMES
MARCHENT AU SUPER

Gabrielle Rolland

LES FEMMES MARCHENT AU SUPER

JCLattès

DU MÊME AUTEUR

Le Temps des leaders, *Éditions d'Organisation*

A Suzy...

SOMMAIRE

AVANT-PROPOS

Y a-t-il un moment où les femmes cesseront de se plaindre ?

Françoise Giroud.

Dans la mêlée des changements, les cloisons qui séparaient l'univers des hommes et celui des femmes ont sauté. Désormais, nous travaillons ensemble, nous partageons les mêmes problèmes, les mêmes espérances et les mêmes responsabilités. Se battre pour les droits de la femme et militer pour la condition féminine n'a plus aujourd'hui le même sens qu'autrefois. Dans ce domaine, comme dans beaucoup d'autres, les faits priment sur les droits et la législation prend du retard sur la réalité.

Réjouissons-nous des opportunités qui s'offrent à nous, saisissons-les et cessons de reprocher aux hommes de profiter de nous. Réussir, c'est vivre, c'est bouger... On ne vit pas par procuration. Tout est possible, si nous le voulons.

Pour les hommes comme pour les femmes, cette fin de siècle multiplie les possibilités d'expression. Mais les choix de la femme sont plus difficiles, car nous voulons continuer d'assumer les responsabilités de la femme traditionnelle tout en développant celles de la femme contemporaine. Les hommes nous reprochent souvent de vouloir vivre des rôles contradictoires. Ils devraient plutôt s'en réjouir, car les joies de la vie sont faites de contradictions assumées.

Je vous propose dans ce livre des points de repère, des « clips » et des portraits qui sont autant de questions, de pistes de travail et de réflexion.

Si vous croyez reconnaître une amie dans un cliché, sachez que les femmes qui m'ont servi de modèles existent vraiment. Je leur demande de croire que mes propos, s'ils sont parfois caricaturaux, ne sont pas des jugements de valeur. Nous pouvons retrouver une part de nous dans ces différentes situations.

Merci à toutes celles qui m'ont aidée, qui se sont confiées à moi, et tout particulièrement à Monique Nemer qui, par amitié, m'a consacré des heures de travail pour réaliser ce livre.

Je dédie ce livre aux hommes et aux femmes dans l'entreprise, pour qu'ils tirent meilleur parti de leur différence.

I

FEMMES, POURQUOI RÉUSSIR ?

Les applaudissements crépitent. Ils récompensent des heures de travail, d'incertitude et de conviction. J'ai les paumes moites et le cœur qui cogne, mais je souris. Dans la salle, ils sont plus de mille à me faire face. Presque uniquement des hommes, avec seulement quelques femmes qui sèment çà et là des notes plus colorées sur cette mer grise et bleu marine.

Il n'y a pas de *bis*. Je ne suis ni chanteuse ni actrice. Je suis une femme qui, comme tant d'hommes, consultants ou professeurs, travaille dans le management. Je parle à des cadres et dirigeants d'entreprise de l'époque où nous vivons, des projets que nous devons forger, des leaders que nous devons être. « Nous »...

Le président me remercie et conclut les félicitations d'usage par cette phrase étrange :

— Madame, je dois vous dire que nous vous reconnaissons comme un homme très performant.

— Non, monsieur le Président, je suis une femme parmi des hommes, pas un homme — fût-il « très performant » ! Non que je tienne le mot pour une injure. Je le tiens pour un déni d'identité. Je refuse, quand je réussis, de me laisser annexer. Je refuse de renier ma personnalité de femme lorsque je fais une prestation habituellement réalisée par des hommes.

« Chez nous, les hommes et les femmes sont traités de la même manière. Tous comme des hommes »... « Ce n'est pas un métier de femme ce que vous faites »... « Une femme ne sait pas commander aux hommes. D'ailleurs, ils ne le supporteraient pas »... En ai-je entendu des phrases de ce genre qui gommaient la différence, annulaient la femme ou limitaient son champ d'action. Les femmes auraient-elles à payer leur accès à l'univers du travail par un abandon de leur spécificité ?

Dans mes voyages à l'étranger avec des dirigeants d'entreprise, j'ai dû me battre pour être reconnue comme leur responsable et ne pas être ravalée au rang d'hôtesse, d'organisatrice — au mieux d'éminence grise ou d'égérie, fonctions plus éminemment « féminines » que celles de concepteur, créateur ou directeur. La langue, qui est un bon indice de la pensée d'une société, ne s'y trompe pas : on est directeur de banque et directrice d'école maternelle... A Tokyo, à Mexico, à New York, ces hommes, très honnêtement soucieux de comprendre les nouveaux enjeux et les nouveaux marchés, ne modifiaient en rien leur vision traditionnelle de « la femme ». « Étonnez-moi », disait Cocteau. Il fallait les étonner sans cesse pour n'être pas reléguée, implicitement, dans les antichambres du « vrai » pouvoir.

Toute ma vie, j'ai dû prouver, et prouver encore. Rien n'est jamais acquis, mais c'est sans doute le moteur le plus puissant de remise en cause, de travail sur soi, donc de nouveaux départs. C'est sans doute pour cela que je me bats pour une cause qui n'est, certes, pas neuve, mais que les enjeux actuels renouvellent. Les moments de lassitude et de découragement ont succédé aux joies des réalisations abouties, mais ils n'ont jamais réellement triomphé.

J'ai vécu une vie professionnelle dans un milieu en

quasi-totalité masculin. J'ai été protégée ou agressée, selon les moments. La compétition n'était sans doute pas plus dure pour moi que pour les hommes : il faut se méfier, quand on est femme — ou de quelque « minorité » que ce soit — d'une tendance à la « victimisation » qui est parfois un alibi pour ne pas s'interroger. Simplement, la compétition était différente, parce que ma place n'était pas dans la logique du système. Il n'y avait que moi pour croire en moi.

Je ne suis pas une superwoman, ni un crack. Je n'ai rien de génial et je ne suis pas une beauté fracassante. Je suis moyenne et je le revendique. Mais je me refuse à être médiocre, à passer à la toise des idées reçues. Je suis Gabrielle, une femme comme d'autres, mais une femme bien décidée à ne pas se couler dans un moule conçu de toute éternité.

Je ne crois pas que « l'un est l'autre », mais, s'agissant d'hommes et de femmes, je crois fortement aux uns *et* aux autres. Simplement, je ne supporte pas d'être exclue pour l'unique motif que je suis une femme. Je réagis à toute ségrégation comme à autant de provocations : j'ai pénétré dans les clubs anglais ou américains les plus fermés, dans les bars les plus rigoureusement « sélectifs » et même dans des monastères strictement interdits aux femmes. J'espère n'y avoir jamais été ostentatoire, mais je n'y ai jamais cherché non plus à gommer mon identité féminine. Je n'ai jamais voulu être nationalisée « homme ». On m'a souvent dit, pensant me faire un compliment : « Vous êtes l'homme de l'assistance. » J'ai souri...

Je suis femme, mère, amante. J'ai pleuré le soir en m'endormant, de lassitude, de détresse, de passion ou de peur.

J'ai haï la violence, je n'ai pas supporté des films trop durs, j'ai reniflé aux mélos. J'ai passé des heures à essayer une robe qui pouvait augmenter mes chances de succès, j'ai adoré caresser des fourrures. J'ai supprimé le pain, le vin, le sucre pour maigrir. J'ai souffert des déceptions de mes enfants, j'ai eu le cœur battant à l'attente de leurs résultats d'examen.

Mais j'ai aussi savouré un whisky, affalée dans le fauteuil d'un bar que j'aime. J'ai payé mes notes de restaurant, lutté pour réussir un exposé ou conduit ma voiture sur les routes les plus incroyables. J'ai négocié pied à pied, pendant des heures, des contrats essentiels. Si c'est cela se comporter « en homme », c'est pour de simples raisons historiques, mais qui n'engagent en rien une « essence » masculine ou féminine !

Je suis une femme : c'est pourquoi j'adresse ce livre d'abord aux femmes. Mais il n'est pas une machine de guerre contre les hommes. Je suis même certaine qu'ils pourront, dans bien des cas, s'y retrouver. Élargir le champ de la réussite, identifier toutes les possibilités, apprendre à ne pas se laisser enfermer dans une seule définition, un seul rôle est un défi qui n'est pas réservé aux femmes. Je gage que, pas plus qu'elles, les hommes n'apprécient d'être réduits à des « fonctions » cloisonnées : au travail, il leur est interdit d'être un père de famille soucieux de la crise d'adolescence de sa fille, un amant comblé par une rencontre éblouissante, un frère, un époux, un ami. « C'est curieux, je ne parle jamais de cela », me disent immanquablement ceux qui, au hasard d'un déjeuner d'affaires — et justement parce que je suis une femme — viennent de me raconter leur divorce imminent ou leurs inquiétudes pour les enfants... Il ne s'agit pas de plaider pour le déferlement continu des confidences, en tous lieux et à tous moments, mais pourquoi ces vies professionnelles sont-elles aseptisées, vidées de toute cette affectivité qui fait l'être ?

Ce livre n'a d'autre ambition que d'être celui d'une femme qui prend la parole ou la donne à d'autres pour expliquer ce qu'est la réussite des femmes. Il ne nie pas les combats féministes du passé ; cette amnésie-là serait injuste et dangereuse : il en va des victoires et des avantages acquis comme d'un capital, il se dévalue et s'érode pour peu qu'on ne le fasse pas fructifier. Mais le temps est venu de cesser de nous définir par rapport aux hommes. Non que les problèmes des hommes et des femmes soient fondamentalement différents. Dire que les hommes se féminisent et que les femmes se virilisent relève d'un propos déjà caduc. Ce qui est en revanche probable, c'est que, les uns et les autres, nous acceptons mieux notre part de féminité et de masculinité. Nos enfants, filles et garçons, mènent la même vie, suivent les mêmes études, rient, pleurent et s'indignent des mêmes choses.

Le sentiment maternel n'est plus un apanage uniquement féminin. Les femmes accèdent en plus grand nombre à des postes dits masculins.

Un avenir nouveau s'ouvre aux femmes d'aujourd'hui. Nous sommes face à une situation que nous n'avons jamais connue, que nos aînées ont en partie conquise, que nous avons la possibilité et le devoir d'exploiter. Nous sommes aussi dans une situation économique et technologique nouvelle, au cœur de mutations qui, ébranlant les vieilles structures figées, ouvrent un immense champ de possibilités. C'est un temps de désordre, peut-être, mais ce désordre-là n'est pas que dérèglement ou confusion ; il comporte une grande part d'enthousiasme, de curiosité, d'énergie, d'imagination. Il bouscule les antiques règles du jeu, il brise cette conformité qui nous immobilisait dans des rôles dont nous avions accepté de croire qu'ils étaient dans notre « nature ».

Le temps du désordre peut être aussi celui de l'éveil.

La société industrielle constituée en féodalités massives fait aujourd'hui place à une société fondée sur l'information, la communication, le savoir. La force physique sera de moins en moins un atout décisif, ni la faiblesse un obstacle rédhibitoire.

Depuis 1960, nous avons vécu un développement rapide du travail de la femme, ou plus exactement de son accession aux postes de responsabilité. Certes, la proportion de femmes qui travaillaient en 1915 était à peu près égale à celle d'aujourd'hui. Mais c'était, pour la quasi-totalité, dans des postes subalternes et totalement aliénants. Il y a actuellement dix millions de femmes actives en France contre huit millions en 1968 et la mixité a gagné jusqu'aux professions de pilote de chasse et d'agent de change.

Dans son livre, *L'un est l'autre* [1], Élisabeth Badinter montre que les deux dernières décennies ont été marquées par une double conquête des femmes : la maîtrise de leur fécondité et le partage du monde économique avec les hommes. Dès lors, elles sont devenues des « sujets ». « En l'espace de vingt ans, écrit-elle, les rapports entre les hommes et les femmes se sont modifiés radicalement. En partant à la conquête du monde extérieur, Ève a mis fin à la division sexuelle du travail. En se battant pour le droit à la contraception et à l'avortement, elle a récupéré pour elle seule le contrôle de la reproduction. On ne se rendait pas compte que la contraception renforcée par le droit d'avorter pouvait bouleverser radicalement le rapport des sexes et même l'ensemble de la société. En déliant la femme de l'obligation d'engendrer, on a fait voler en éclats l'équation millénaire femme = mère, que l'on croyait éternelle. »

La maîtrise de la maternité est indiscutablement la plus grande rupture qu'ait connue la femme au regard de ce qu'on pensait être son destin. Elle sort ainsi d'une dépendance à la nature. Elle obtient la possibilité — et le

1. Éditions Odile Jacob.

devoir — de choisir son avenir. Voulue et non plus subie, la maternité, pour la femme, *fait partie* de son identité, elle ne la constitue plus en totalité. Autant que pratique — liée aux grossesses, puis aux soins à donner aux enfants — l'antinomie entre travail et maternité était de type idéologique. Cette antinomie disparaît aujourd'hui.

Il y a dix ans, parmi les mères de famille qui travaillaient, 44 % avaient deux enfants. Elles sont plus nombreuses aujourd'hui. Avec trois enfants, le pourcentage est passé de 25 à 37 %, et il s'élève à plus chez les femmes cadres supérieurs. Les femmes ont abandonné l'opposition simpliste travail-maternité et, dans les postes à responsabilité, elles choisissent volontiers maternité *et* travail. Il est évident que, pour ces dernières, l'aisance matérielle facilite les choses, mais il serait faux d'y limiter l'analyse. Le fameux « Tu nous coûtes plus cher en travaillant qu'en restant à la maison », maître mot de nombre de maris, surtout dans les familles modestes, pour convaincre leur femme de ne pas travailler, cache bien d'autres motivations que des raisons purement économiques. Encore le seraient-elles, d'ailleurs, qu'il faudrait se demander quel est quand même, pour la femme et pour la totalité de la famille, le bénéfice du travail, en termes d'équilibre, d'ouverture, de qualité d'existence.

D'autant que les modes de vie ont changé. Nous sommes à l'ère du jetable, du congelé, des machines à laver, à repasser, à cuire, à pétrir, à hacher... On tape sur son minitel pour faire les courses qu'on retrouvera livrées à domicile. Les tâches ménagères se partagent sans complexe au sein de la famille et les hommes ne se sentent plus déchus s'ils mettent le couvert ou s'ils font la vaisselle. La publicité, qui est attentive à l'état des mentalités d'une société, en donne quotidiennement des exemples. Et, même si les équipements demeurent insuffisants, les écoles maternelles accueillent maintenant les enfants à partir de deux ans, les crèches se multiplient.

Second atout dans cette modification de la position des femmes : le changement des valeurs attribuées à l'âge. En 1960, une femme de quarante ans était considérée comme vieillissante. Aujourd'hui, les progrès de la diététique, la pratique du sport lui permettent de jouir de sa vitalité beaucoup plus longtemps, son espérance de vie active augmente, même si l'attitude sociale face à l'âge reste marquée de bien des ambiguïtés.

Évelyne Sullerot souligne que l'âge reste un des premiers facteurs d'identification des individus dans la société. D'une femme, comme d'ailleurs d'un homme, on dira : « Elle ou il a la trentaine », et non « Elle ou il mesure tant, pèse tant ». Au moins en ce qui concerne la taille, la stabilité du renseignement est pourtant parfaitement assurée ! Mais l'information sur l'âge véhicule, de manière plus ou moins consciente, toute une série de stéréotypes, comme le prétendu « dynamisme » de la jeunesse et la non moins douteuse « sagesse » de l'âge mûr. Alors que les travaux des gérontologues font ressortir la disparité entre âge chronologique et âge fonctionnel, nos sociétés industrielles gardent de l'âge une vision totalement traditionnelle. Ce décalage ne peut se perpétuer et l'obligation de casser les lieux communs sur les âges comme sur les sexes sera un atout de plus pour la réussite des femmes.

Elles semblent décidées à s'en donner les moyens. Le nombre des femmes diplômées progresse tous les ans — elles sont en France plus nombreuses que dans aucun pays d'Europe — et la compétition pour le savoir s'exerce dans le même champ que les hommes. On est loin des deux H.E.C., une école pour jeunes gens doués, promis au plus brillant avenir, et une « H.E.C. jeunes filles » qui ne ressemblait en rien à l'autre. En 1973, une femme a été reçue première à Polytechnique qui n'avait ouvert ses portes aux candidates que deux ou trois ans plus tôt.

Il ne s'agit toutefois pas de tomber dans un optimisme béat. Si les chances sont réelles, si l'ouverture semble irréversible, les difficultés anciennes n'ont pas totalement disparu et d'autres se font jour.

Les changements de société, la crise des valeurs traditionnelles frappent de plein fouet les femmes qui s'étaient totalement identifiées aux représentations héritées de pérennité, de permanence. Celles-là, cachées dans leur foyer, aliénées par une famille, mais également protégées par elle, avaient évité les chocs de l'extérieur. Une conception nouvelle de la famille et du couple rend les femmes plus autonomes, mais en même temps les expose davantage. Pour une femme mariée, être trompée n'avait rien d'exceptionnel, mais être plaquée l'était. Une étonnante hypocrisie sociale faisait qu'on considérait avec un étonnement un brin ironique l'époux fidèle, mais qu'on n'avait pas de mots assez durs pour celui qui, mettant somme toute en accord sa conduite et ses sentiments, rompait son mariage. A cette réserve près que la responsabilité en était régulièrement imputée aux turpitudes de l' « autre femme »...

Le nombre de divorces augmente régulièrement. Aucune femme aujourd'hui ne peut être assurée d'une vie tracée « pour toujours ». Dans un univers hanté par la sécurité, où l'on peut souscrire des assurances sur tout, du moindre incident au temps qu'il fera en vacances, l'essentiel — la présence de l'être aimé, l'équilibre des enfants — est soumis à des risques accrus contre lesquels il n'existe aucune « garantie » monnayable. Il est parfaitement inutile de rêver un retour aux quiétudes embourgeoisées du siècle passé, à supposer qu'on leur trouve quelque valeur. Pas plus qu'il n'est utile de vilipender la légèreté des mœurs ou de déplorer, sans tenter de réagir intelligemment, le fléau de la drogue. Cette époque est la nôtre, souvent pour le meilleur et parfois pour le pire. La seule assurance solide contre certains maux est celle qu'on se forge soi-même, en s'équipant psychologiquement et mentalement. Cela ne supprime pas les chocs de l'environnement, cela signifie seulement qu'on se rend apte à utiliser l'âpreté du choc pour repartir.

Les femmes ont trop cru en la permanence et en la propriété de l'autre, au détriment de leur propre identité. Elles se sont coulées dans la vie des autres, mises à leur service. Il y a en cela de la générosité, voire de l'abnégation. Nous avons appris à donner, mais ne nions pas que nous avons su en jouir. Nous imposions un échange implicite : abandon d'identité contre protection. Or les lois de l'échange se sont modifiées. Quel que soit notre choix de vie, il est exclu de vivre, en 1988, par personne interposée. Il n'y a rien d'égoïste à cela : exister en tant qu'être, c'est aussi, profondément, donner. L'identité ne se reçoit à la naissance que pour l'état civil. Pour le reste, elle est à construire.

Nous vivons un monde qui interdit l'indifférence : les banques de données distribuent l'information sur toute la surface du globe. Les barrières de frontières, de temps et d'espace s'effondrent grâce aux satellites. Nul ne peut ignorer le Liban, le Bangladesh, l'Afghanistan ou le Chili, ni cette enfant de Colombie étouffée par un torrent de boue sous nos yeux.

Fascinant et horrible, ce monde mobilise toutes nos facultés d'enthousiasme comme d'indignation et nous impose d'y prendre part, pour contribuer à son épanouissement ou pour tenter de le changer.

Quel rôle les femmes peuvent-elles y jouer ?

Il y a peu de femmes dans les gouvernements qui se succèdent. Et tant qui ont réellement un projet de société. Peu de femmes cadres supérieurs ou dirigeants d'entreprise. Et tant qui se réveillent le matin avec l'envie d'entreprendre.

Peu de femmes bâtonnier, patron d'hôpital, pilote. Et tant qui sont diplômées, qui croient à la solidarité, à l'avenir, qui militent pour un autre style de vie.

Tant de femmes ? Est-ce vraiment sûr ? N'y en a-t-il pas au moins autant qui estiment que toute réussite passe nécessairement par l'écrasement de l'autre sans imaginer qu'elles pourraient inventer une réussite différente ? Qui se comportent comme si les décisions, le choix des enjeux, le profil du futur appartenaient à d'autres, et qu'elles n'y pouvaient rien ?

Quitte à invoquer la nature biologique de la femme, comment ne pas lui dire que, parce qu'elle enfante, elle porte dans son corps même l'idée de futur. Elle n'a pas le droit, le jour où elle peut agir, de s'abstenir, de démissionner. Et qu'elle ne vienne pas dire : « Je voudrais bien participer à ce monde qui s'accouche de lui-même, mais il n'y a pas de place pour moi... » Les places sont nombreuses et nouvelles, mais encore faut-il vouloir les voir, les prendre. On ne peut jouer l'effacement, la fragilité, le besoin de protection et s'attendre à être sollicitée pour des actions, des risques, des combats. Prétendre être niée et se nier soi-même, c'est-à-dire s'annuler à la fois en tant qu'être capable d'agir dans la vie politique ou dans la vie des entreprises et s'annuler en tant que femme tout court.

Mais, si la différence ne doit pas être une raison d'exil, elle n'a aucune raison de se muer en supériorité. Pour être utile, pour devenir un instrument d'enrichissement de la collectivité, il faut que cette différence s'inscrive sur des communautés de valeurs, de projets, qu'elle ne soit plus agressive, mais solidaire.

Il y a une façon de penser, non seulement *la réussite des femmes,* mais *la réussite au féminin,* c'est-à-dire refuser que la vie publique exclut la vie privée, que le succès soit, selon le mot de Mme de Staël, « le deuil éclatant du bonheur ». Une nouvelle donne humaine, sociale, économique peut nous donner cette chance.

Mais la femme-enfant, la femme-narcisse, la femme-écho n'y sont pas préparées, elles risquent de s'effrayer d'un chemin qui n'est pas celui qu'ont tracé pour elles les siècles passés.

Je donne ici la parole aux femmes pour qu'elles proposent une autre voie de la réussite, quelles montrent comment, au sein même de la réalité féminine, peut s'accomplir un être passionné par les enjeux de son temps et soucieux de passer le relais au futur. Car les femmes de demain nous scrutent déjà. Un certain féminisme est dépassé : le dire ne signifie pas nier ce que nous lui devons. Mais il faut maintenant nous penser en termes nouveaux. Toutes les femmes n'y parviennent pas, on le constatera en lisant les entretiens que nous avons eus avec elles. Toutes, cependant, témoignent d'un élan, d'un bouillonnement d'énergie, d'une volonté d'affirmer leur personnalité sans se mutiler, quel qu'en soit le prix à payer en luttes, en efforts, en rebuffades, en incompréhensions.

Réussir c'est, étymologiquement, re-« issir » — « sortir » en ancien français. Pour cela, il est temps d'ouvrir toutes les portes, de sortir de nos cloisonnements, afin de construire un monde réconcilié, plus riche et plus humain.

II

LES CHAMPS DE LA RÉUSSITE

CARRIÈRE, FAMILLE, SÉDUCTION

Réussir… Gagner… Succès… Leader… 1er prix… Oscar…

Ces mots nous martèlent. Ils font la une des journaux, des radios et des télés. La réussite est au cœur des modes et des courants d'aujourd'hui.

Pourtant, quand je demande aux femmes de me parler de leur réussite, elles me répondent toutes spontanément : « Ah ! mais, moi, je n'ai pas réussi… Ce mot me convient mal », avant d'ailleurs de s'exprimer avec beaucoup de pertinence et de profondeur sur « leur » réussite.

Tout se passe comme si un tabou interdisait aux femmes de s'approprier le terme de réussite : il est réservé aux autres. Pour la femme, il renvoie à une forme de péché, à un orgueil qui ne convient pas à sa nature. Si elle réussit, ce ne peut être que contre un autre, au terme d'un combat où elle dévoie sa féminité.

Élevées dans l'esprit de service, de soumission, d'oubli et de renoncement de soi, elles ne peuvent réussir que contre leur milieu, leur éducation, leur vocation naturelle.

Ce n'est pas le cas pour les hommes, dont la réussite est perçue comme nécessaire à la famille, à la société, à l'entreprise ou à l'État. Associant le plus souvent le pouvoir et la réussite, élevés dans l'esprit de conquête, accoutumés à voir dans l'éclat et la domination, des signes de valeur, ils vivent la réussite comme l'accomplissement tangible de leur destin.

Les femmes, elles, sont plus conscientes d'être pourvues d'atouts intellectuels, physiques, affectifs, émotionnels, et c'est en *totalité* qu'elles veulent se réaliser. S'opposant à une norme sociale qui, en matière de réussite et de succès, ne s'est pas départie des modèles guerriers, du culte viril de l'affrontement et de la compétition, elles plaident pour l'épanouissement, le jeu de toutes les potentialités. Et, surtout, elles préfèrent le sentiment de la réussite à son spectacle.

L'image de la réussite est en effet beaucoup plus forte chez les hommes que chez les femmes, et ce n'est sans doute pas uniquement parce que la société valorise chez les uns ce qu'elle regarde avec une certaine suspicion chez les autres. L'homme extériorise sa réussite alors que la femme l'intériorise davantage, ce qui explique en partie pourquoi les hommes se définissent essentiellement en termes publics, professionnels, et les femmes en termes personnels, privés.

Chantal est médecin dans un hôpital. Elle a trente ans, est célibataire et fort jolie. « Pour les hommes, note-t-elle, la réussite est d'arriver au plus haut niveau possible dans leur carrière, et ce projet prime tous les autres. Pour moi, ce n'est pas cela. C'est avoir un travail qui m'intéresse, bien sûr, mais aussi un homme que j'aime, des enfants. Je n'assume pas bien le célibat. Je ne fais pas partie de ces femmes célibataires heureuses de l'être. C'est l'affectif qui me pousse ou qui me bloque. S'il n'y a personne pour me dire “ je t'aime ”, je ne me sens pas bien, même si mon travail me passionne, si ma carrière se déroule au mieux. J'ai tellement d'exigences que j'hésite à me marier, mais, pour moi, vivre seule, ce serait avoir raté ma vie. »

Pour Chantal, le champ de la réussite englobe vie professionnelle et vie privée. L'absence de plénitude de sa vie affective, l'insatisfaction de son besoin d'amour sont ressenties comme la remise en cause de la réussite.

La volonté de définir la réussite en termes très personnalisés se retrouve plus nettement encore chez Martine qui est psychologue auprès d'enfants inadaptés.

« La réussite c'est une notion subjective, mouvante, personnelle. Cela bouge en fonction des moments de la vie. J'en ai plus qu'assez de cette maladie sociale, la réussite à tout prix, et surtout selon le modèle imposé de l'extérieur.

» La réussite, pour moi, c'est la fusion, l'osmose entre mes désirs et la réalité vécue, la possibilité d'exprimer en totalité ma personnalité. Mais tout mon environnement me demande de choisir entre mes rôles de mère, d'épouse, de psychologue. Je suis maintenant moins malléable qu'avant, je ne me laisse plus contraindre à des choix au gré des intérêts des uns ou des autres. Je sais maintenant que je veux en même temps être mère, épouse et psychologue et que je n'ai aucune intention de renoncer aux différents pôles de ma vie. »

Martine souligne qu'elle ne supporte plus de voir définir la réussite selon des conceptions exclusives les unes des autres, d'être ballottée selon des rôles qu'on veut lui imposer comme contradictoires.

Les femmes d'aujourd'hui risquent un projet autrement ambitieux, et elles ne le risquent pas pour elles seules : réussir dans la vie et, simultanément, réussir leur vie.

Car il ne s'agit plus de diviser la réussite, de la réduire, de l'émietter, de faire « la part du feu ». Tous les entretiens que j'ai pu avoir témoignent du désir de redéfinir cette notion pour lui donner un contenu plus global, privé et public, rationnel et affectif. « On ne peut pas tout avoir », prétend la sagesse des nations. Sagesse frileuse, comme toute sagesse. Les femmes veulent une réussite qui réconcilie le privé et le professionnel, l'intime et le public. Elles aspirent à une réussite globale qui dépasse les règles de la monoculture. Elles savent, par l'exemple de leurs pères et de leurs époux, qu'il ne suffit pas d'être « bien dans le *quid* » pour être « bien dans sa peau ».

C'est en introduisant le champ de la vie privée et personnelle dans une conception globale de la réussite que les femmes se différencient le plus nettement des hommes. Élargissement qui rend le défi plus difficile encore à réaliser.

Mais la femme de 1988 ne veut pas non plus payer l'échec de sa vie personnelle par une réussite professionnelle. Ce troc ne lui convient pas, elle refuse l'alternative dans laquelle on a voulu l'enfermer et qui suppose que tout ce qui est donné de soi à l'extérieur l'est au détriment du foyer, de l'accomplissement des siens et de soi-même.

La réussite et l'enfant

Le principal argument qui est opposé au travail de la femme reste encore l'éducation des enfants et l'impérieux besoin de la présence maternelle dans les tout jeunes âges de la vie. On ne cesse à cet égard de faire appel au passé, oubliant d'ailleurs que cette idée n'a guère plus d'un siècle.

Ingénieur en informatique dans une entreprise de services, Françoise a trente-quatre ans, deux filles et un garçon : « Je suis maintenant chef de projet, raconte-t-elle, mais pendant un an mon patron a hésité à me nommer en invoquant mes " responsabilités familiales ". Je lui ai ri au nez en lui faisant remarquer que c'était bien la première fois qu'il se souciait de mes enfants. J'ai pris mes nouvelles fonctions avec joie. Il est vrai que j'ai été confrontée à de nouveaux problèmes de gestion de mon temps. Il me fallait beaucoup voyager, être souvent absente de la maison et j'ai été au début très inquiète des conséquences que cela pourrait avoir sur l'équilibre des enfants. Je me suis très vite aperçue que non seulement tout se passait très bien, mais que mes enfants étaient très fiers de mon travail, du fait que j'étais une mère " dans le coup ". La première fois que je suis allée à New York, l'institutrice d'Édouard m'a raconté qu'il a demandé que toute la classe travaille sur les États-Unis. »

Opposer le travail de la femme et l'éducation des enfants, c'est trop facilement confondre le quantitatif et le qualitatif. C'est feindre de croire que le nombre d'heures passées avec eux compte davantage que l'intensité de chacune de ces heures et la qualité de l'échange qui peut s'y produire. L'équilibre que donne à l'enfant le spectacle d'une mère équilibrée, épanouie et dynamique est irremplaçable. Une récente étude américaine, réalisée par des psychologues des universités de Kent Stage et d'Akron et présentée en août 1987 à Washington lors de la convention nationale de l'Association américaine de psychologie, a même démontré que les enfants de mères qui réussissent professionnellement obtiennent des résultats scolaires supérieurs aux autres. Rien d'étonnant à cela : ils sont au contact d'un monde plus ouvert, qui équilibre mieux les parts d'affectivité et de rationalité, qui favorise la transformation nécessaire du monde enfantin de la dépendance à celui d'un monde d'adulte autonome.

Les mères qui travaillent peuvent donc sourire des paroles plus ou moins hypocrites de leurs « chères amies » sur le sort de leurs bambins : « Tu ne trouves pas Jean-Marc pâlot en ce moment ? Cet enfant est triste. Forcément, il est souvent seul... » Leurs enfants ont un quotient intellectuel plus élevé que ceux des mères qui ne travaillent pas et ils s'adaptent mieux à leur environnement social.

Ces mêmes enfants ont plus de facilité à communiquer, participent davantage aux activités scolaires. Ils sont aussi plus réguliers en classe, moins souvent absents et les tout-petits sont plus habiles à lacer leurs chaussures ou à boutonner leur manteau. Bref, ils se débrouillent plus vite et mieux dans la vie.

Cette étude correspond bien à un pays où la grande majorité des mères travaille, à temps partiel ou à plein temps, 48 % d'entre elles avec des enfants de 0 à 6 ans et 79 % avec des enfants entre 6 et 18 ans. Un pourcentage énorme qui a augmenté de 225 % depuis 1960 ! Les spécialistes prévoient même qu'en 1990 seuls 14 % des ménages américains vivront encore selon le schéma traditionnel du père au bureau et de la mère à la maison. La quasi-totalité des enfants à la maternelle — soit vingt-trois millions — aura alors des parents exerçant tous deux un métier.

Le père, mais aussi la mère, joue dans le processus de construction de la personnalité par identification. Et si leurs deux modèles sont adéquats à la société actuelle, cohérents avec ce qui est proposé à l'enfant par son environnement, l'identification est plus solide, plus positive.

Réussir une vie maternelle, en cette fin de siècle, se pense nécessairement en termes neufs. Ce doit être simultanément l'épanouissement de la femme et de l'enfant. C'est fournir à l'enfant un équipement nécessaire pour qu'il puisse « se faire », pour qu'il puisse s'adapter, se transformer et devenir autonome. Cet « équipement » s'exprime en termes psychologiques, intellectuels, pratiques.

« J'aurai réussi ma vie maternelle si mes enfants ont le respect des autres, s'ils sont libres et autonomes, je veux avoir des enfants qui vivent debout, qui s'engagent dans la quête de leur liberté, qui soient capables de s'organiser eux-mêmes.

Ces réflexions sont fréquentes chez les mères d'aujourd'hui ; elles prouvent que la maternité réussie est vécue comme un apprentissage réciproque de l'indépendance, indépendance de l'enfant vis-à-vis de l'allégeance au modèle familial, mais aussi indépendance de la mère par rapport au modèle sacrificiel sacralisé par la société.

Le travail de la mère oblige l'enfant à s'organiser, à se prendre en charge. L'omniprésence de la mère laissant peu d'espace de liberté aux enfants risque de l'enfermer dans un cocon protecteur et aliénant. Un individu, s'il n'y est pas préparé, vivra très difficilement le passage d'un milieu protégé à celui, dur, déstabilisant, du monde professionnel. Une famille trop protectrice, trop close sur elle-même ne prépare pas vraiment à un environnement agressif, égoïste. Mais cette même famille peut être un lieu idéal de transition, qui allie le refuge et le risque.

L'enfant a besoin de sa mère, c'est incontestable, mais il a davantage besoin d'une relation affective, chaude, solide que d'une servante qui prend en charge son confort matériel. Le travail de la femme pose de réels problèmes d'organisation, mais il ne tue pas la relation affective si elle ne s'épuise pas à tout prendre en charge, à s'époumoner sur une double ou triple tâche.

Culpabilisée, la femme développe des conduites compensatrices avec ses enfants. Elle s'éreinte à les conduire au tennis, au judo, au cours de musique. Juste pour se prouver qu'elle « s'en occupe », au point d'inventer parfois des désirs qu'ils n'ont pas. Elle se fait un devoir de faire le silence sur ses projets, ses ambitions, ses enjeux, comme s'ils étaient illégitimes, vaguement usurpés ou incongrus. Mais l'enfant a besoin d'une mère à projets personnels pour apprendre à en avoir lui-même.

C'est une erreur de croire que parce que nous faisons un surcroît d'efforts le résultat sera meilleur. Si vous sentez que vous en « rajoutez », que vous prenez trop en charge, posez-vous la question de savoir si c'est pour le plaisir de vos enfants ou pour vous déculpabiliser. Ce sera peut-être, pour vous, l'occasion d'un nouveau départ et d'une autre chance pour ceux que vous servez.

Le partage de contraintes qu'impose le travail est sans doute plus formateur que leur gommage artificiel. La femme n'est pas confrontée à un choix entre elle, son travail et ses enfants. Sauf dans des cas extrêmes et le plus souvent provisoires, son problème est de vivre l'un sans contrecarrer l'épanouissement de l'autre. Pour cela il faut qu'elle apprenne à déléguer. Le partage des rôles avec d'autres n'est pas un abandon de la fonction maternelle ou une preuve d'indifférence vis-à-vis des enfants.

Ce partage devient une nécessité pour conduire de front une vie professionnelle et matérielle. Les temps libres à la sortie de l'école, les vacances, les heures de crèche trop rigides impliquent que la mère trouve dans le réseau familial et amical les relais nécessaires pour partager le poids des enfants. Dans cette optique, le réseau ne doit pas être considéré comme un dépannage, mais comme un nouvel apport. Grâce à lui, l'enfant ouvrira son champ d'expériences, connaîtra des gens de milieux différents. Pensez donc à vous constituer un réseau, mais rappelez-vous qu'il faut l'entretenir, savoir dire merci et développer une réciprocité.

Une de mes amies considère qu'elle fait un grand honneur à sa mère en lui confiant ses enfants qui sont, de son propre aveu, « trois adorables bambins et affreux jojos », et que cet « honneur » la dispense de toute manifestation de gratitude ou d'un simple mot gentil. Aussi charmants, adorables, exquis — à nos propres yeux, bien sûr — que soient nos chères têtes blondes, ils sont une charge pour ceux à qui momentanément nous les confions, même si elle est acceptée de bonne grâce.

Remercier est la première condition pour entretenir le réseau. Il sera ainsi le reflet de notre mode de vie, de notre chaleur, de notre faculté à échanger tel service contre tel autre. Et qu'aucune femme ne se dise : « Moi, je n'ai rien à proposer. » Sans doute certaines sont-elles plus nanties que d'autres, mais si l'une a un peu plus de temps, l'autre possède un savoir-faire particulier dans tel domaine, tandis que la troisième sait tout simplement merveilleusement écouter. Ces règles de l'échange sont subtiles et ne se quantifient pas. L'essentiel est de comprendre que le réseau est à construire et à nourrir.

La femme ne peut plus tout assumer seule. A vouloir le faire, elle risque de ne plus rien assumer du tout. Contrairement à une idée que cultivent encore les femmes, se sacrifier pour l'autre en assumant la totalité des tâches n'intéresse strictement personne. La mère qui fait tout pour les autres, qui se dévoue pour ses enfants, en « oubliant » son épanouissement personnel commet une grave erreur, surtout si elle espère en retirer quelque reconnaissance. *Bien souvent* elle sera déçue sur ce plan.

« Vous savez, j'en ai plus qu'assez. J'ai quarante ans, j'ai tout arrêté pour m'occuper de mes enfants. Et, maintenant, ils me traitent comme quantité négligeable. Aujourd'hui, je voudrais retrouver du travail et je n'y arrive pas. Quand ils étaient petits, tout allait bien. Mais plus ils grandissent et plus ils me citent en exemple les mères qu'ils auraient aimé avoir : ce sont des femmes qui n'ont même pas été fichues de s'occuper de leurs enfants. Cela me rend folle de colère et de tristesse. Je trouve que c'est injuste : j'ai sacrifié ma vie pour eux et aujourd'hui je ne récupère que des critiques. »

Des propos de ce genre, j'en ai entendu des dizaines, ils sont l'écho d'une véritable souffrance.

Le problème posé par le sacrifice n'est pas le sacrifice lui-même mais le fait qu'on en attende le bénéfice d'une reconnaissance. Cela n'a rien de scandaleux, mais il faut avoir à ce sujet un peu de lucidité. Ce qui est anormal et dangereux, c'est vouloir faire payer aux autres l'addition de ses propres frustrations.

Travail ou non travail de la mère ne sont pas les causes du développement de l'enfant. Remettons les choses à leur juste place. L'enfant ne demande ni que la mère travaille ni qu'elle ne travaille pas, il a besoin d'une relation affective sécurisante, d'un dialogue, d'une compréhension. Il a besoin de se construire. La mère a un rôle fort à jouer dans la construction de la personnalité. L'enfant très jeune a ses propres zones de liberté et de secrets, il n'a pas besoin d'être possédé comme un objet mais d'être aimé comme un être vivant.

La réussite et l'amour

Charlotte a trente et un ans. Elle est médecin généraliste et elle affirme : « La réussite, pour moi, c'est d'abord d'être heureuse. Le bonheur, c'est ce qui m'importe. Réussir, c'est aimer, être aimé, partager, donner et, grâce à cela, être bien dans sa peau. »

On peut s'étonner de cette phrase conventionnelle et parfumée à l'eau de rose. Elle est pourtant exprimée souvent par les femmes inconnues ou célèbres. Toutes ont la même volonté, le même désir qu'elles expriment de manière à peu près identique : « Réussir sa vie en tant que femme, c'est être bien dans sa peau. C'est surtout aimer et être aimée. »

On peut s'en étonner, mais on ne peut le nier, les thèmes du don, du partage d'amour sous-tendent tous les discours. Avec un corrolaire : la réussite n'est qu'un équilibre sans cesse remis en cause, quotidiennement à reconstruire. Aucune femme n'exprime sa réussite personnelle comme un état définitif, mais comme une conquête permanente sur elle-même et sur les autres.

Il est frappant de constater que les femmes n'hésitent pas à s'exprimer sur leur vie privée, sur leur rapport le plus intime à elles-mêmes, à leur image, alors que les hommes, prolixes sur leur vie professionnelle, sont très discrets, voire muets, sur leurs sentiments ou leurs émotions. La femme parle de l'amour, de la jalousie, de son corps, de ses sentiments, de ses peines et de ses joies avec une relative facilité. Ce thème de l'amour, sous tous ses aspects, reste la toile de fond sur laquelle se construit sa vie et la référence de base pour la réussite.

Il a fallu les années soixante - soixante-dix pour que les femmes proclament la liberté sexuelle, remettent en cause mariage, famille, amour-toujours, hissent le drapeau du plaisir légitime, revendiquant le même statut de liberté et de choix que les hommes. Ce raz de marée passé, je suis étonnée de découvrir, dans tous les entretiens que j'ai pu mener ou dans toutes les enquêtes récentes que j'ai pu lire, des femmes à la recherche de l'amour, de la passion, de la tendresse, des femmes qui ne veulent plus dissocier le sexe et la tendresse. La recherche de l'homme idéal, mais aussi le droit à l'erreur et au changement, le désir de l'enfant sans renoncer à toute vie sentimentale, la priorité à l'amour sans le sacrifice sont les nouvelles valeurs prônées par les femmes.

Geneviève a trente-huit ans. Chef de projet dans une agence de publicité à Paris, elle vit bien et sort beaucoup. Elle est rousse aux yeux verts, pas vraiment belle mais très féline et attirante. « Le sexe, dit-elle, cela ne me suffit plus du tout. La satisfaction d'un simple désir physique ne m'intéresse plus, cela m'ennuie et même me dégoûte. Je cherche l'amour, la tendresse, un vrai échange affectif avec un homme que j'aime, que je reconnais comme valable. Je veux partager ma vie avec un homme à la hauteur de mes aspirations. »

La femme ne renie pas la libération sexuelle, mais n'en veut pas comme seul but. Le corps libre ne peut compenser le cœur vide.

Angéla a trente-deux ans. Agrégée de philosophie et professeur dans un lycée, elle n'est pas mariée et regarde son passé avec le sentiment de s'être fourvoyée. « J'ai voulu construire une autre morale, j'ai cru que la femme, pour se libérer, devait donner la priorité au corps. J'ai vécu beaucoup d'expériences sexuelles à deux, à plusieurs : je n'en ai aujourd'hui qu'une espèce de dégoût. J'ai connu un terrible sentiment de solitude, de reniement de moi. Le sexe pour le sexe, c'est horrible. Et, somme toute, c'est tellement banal. Je me croyais libre, je pensais transgresser tous les interdits. En fait, je m'étais seulement fixée une sorte de morale inversée. J'aime séduire, et être courtisée des hommes me fait un immense plaisir. Alors, pour ne pas avoir l'air d'une aguicheuse, je " payais " : je couchais. Aujourd'hui j'ai décidé que tout cela était fini. Je suis sûre que je rencontrerai bientôt l'être avec lequel je partagerai l'amour, à qui je me donnerai en totalité, sans réserve, en toute fidélité. »

La femme s'est prouvé qu'elle existait. Cette phase a été essentielle dans son histoire de femme, car elle a été une réponse violente, déterminée à des siècles de contraintes, de morale, de peur. La femme a eu enfin l'occasion de décider de son propre corps, de le donner, éventuellement de le gâcher, d'avoir ou de ne pas avoir la liberté d'en disposer. Mais l'erreur a été de remplacer une ancienne norme par une nouvelle, un conformisme par un autre. Il ne s'agit pas d'un retour en arrière, à je ne sais quel ordre moral, mais d'un rééquilibrage.

Car cette recherche de la relation amoureuse, passionnée et tendre est à multiples facettes. Elle s'exprime avec la même intensité, qu'elle se vive entre homme et femme ou entre femmes.

Les femmes évoquent souvent l'amour comme un « feu intérieur qui dévore », qu'il soit pour elle une promesse encore non tenue ou une réalité douce ou douloureuse à la fois.

Clotilde a quarante-cinq ans. Elle est célèbre, elle a occupé et occupe encore des postes de très hautes responsabilités. Quand on lui parle de sa réussite, elle ne répond qu'en terme d'amour.

« Réussir ma vie, pour moi, c'est continuer à vivre

la relation amoureuse et passionnelle que j'ai depuis plus de quinze ans avec Jean. C'est un être exceptionnel, génial, surchargé de travail, bourré de vitalité, d'imagination. Nous nous adorons comme au premier jour, plus qu'au premier jour, car nous avons construit, développé, nourri notre relation amoureuse. Il a refusé de vivre avec moi, nous sommes chacun seul, car la quotidienneté aurait tué notre folie d'amour. Nous avons résisté l'un à l'autre. Au début, j'ai cru mourir d'angoisse, de jalousie, puis nous avons appris à nous connaître, à nous respecter, l'un ne s'est pas développé aux dépens de l'autre, nous existons l'un et l'autre à part entière. J'ai voulu pleinement réussir ma vie professionnelle pour être à sa hauteur. Il est toute ma motivation, mon énergie. Je ne peux pas supporter qu'il oublie de m'apporter des fleurs, qu'il ne fête pas nos nombreux anniversaires. Nous nous réservons des temps chauds, des temps à nous où corps et cœurs mélangés nous trouvons nos raisons d'exister.

» Mais je sais aujourd'hui quel travail en profondeur il a fallu réaliser sur nous-mêmes pour permettre à cet amour de se développer, de garder intact sa spontanéité, tout en lui assurant une réelle maturité. Les gens ne savent pas assez que la relation amoureuse, cela se construit. Au-delà d'un élan inconscient, il y a l'échange, l'approfondissement de ce qu'est chacun ; un parcours amoureux est une véritable psychanalyse menée à deux, c'est la seule vraie transformation que j'ai connue. Beaucoup d'hommes et de femmes se mettent à l'abri de ce chemin de l'amour. Ils ont raison, car il est horriblement douloureux. Mais ils ont tort aussi, car c'est vraiment le seul défi sur soi-même qui vaut la peine d'être relevé. »

Les femmes présentent souvent l'amour, la passion comme un terrible combat contre soi-même, contre les autres. Ces femmes défient parfois la société, leur famille, elles-mêmes, pour gagner le bonheur.

Les choix cruciaux entre la raison du cœur et la

raison d'État ont été le ressort de bien des trajectoires. Des hommes et des femmes ont tout misé par amour. Chaque défi pose des questions essentielles, décisives, dont nul ne fait l'économie, même pas celles qui décident sur un coup de tête de tout abandonner, mari, enfant, passé, famille, par passion, et qui bouleversent leur vie en un instant.

Le champ est vaste, lié à notre propre histoire et à nos systèmes de valeur. La vie personnelle est un imbroglio où sont mélangés nos passions, nos tendresses, nos désirs, nos idéologies, notre corps, notre intelligence. Dans ce domaine, tout témoigne de la volonté de globalité de la femme.

Suzanne a aujourd'hui soixante-quinze ans, elle dirige une galerie dans un village de Provence : « Toute ma vie a tendu vers un seul but, obstinément : être une personne debout, une femme vraie, par rapport à moi et par rapport aux autres. Cela a été dur, très dur ; je suis tombée, je me suis relevée, mais aujourd'hui je suis là, j'existe. »

Issue d'un milieu bourgeois de la Creuse, elle a eu une éducation conventionnelle chez des religieuses, peu ou pas d'études. Très jeune, elle adhère au parti communiste mais épouse un journaliste juif, et c'est la rupture retentissante avec sa famille.

A l'époque du Front populaire, elle devient elle-même journaliste et, à la déclaration de guerre, en 1939, elle est rédactrice de la chronique judiciaire de *l'Humanité*. Elle partage toutes les douleurs des juifs pendant les premières années de la guerre, et c'est très tard qu'elle et son mari décident de passer en Algérie, d'où ils rentrent à la Libération.

Elle a gardé des amitiés profondes avec des hommes de gauche, retrouve du travail, mais les relations avec son mari se distendent. Elle fait la connaissance d'un jeune peintre russe dont elle deviendra la maîtresse tout autant que la mère. Il acquiert un début de notoriété, ce qui l'amène à exposer aux États-Unis où il tombe follement amoureux d'une belle et jeune Américaine.

Suzanne vit une crise terrible, elle part dans le Midi, s'installe en Provence. Dans les années soixante elle n'a plus de mari, plus d'amour, plus d'argent. Elle est seule et vivote en servant de secrétaire au médecin du village. Elle décide d'ouvrir une galerie de peinture.

Elle a la chance de rencontrer une femme qui a une galerie, rue Jacob, spécialisée dans le naïf, et elle est séduite par sa personnalité. Ensemble, elles passent un accord. Suzanne exposera les peintres naïfs que son amie Antoinette aura sélectionnés. L'affaire marche, Suzanne rayonne. Elle est le pôle d'attraction du coin, reçoit beaucoup d'amis, milite au parti socialiste et lit *le Figaro-Magazine.*

« Ma réussite, me dit-elle, c'est d'avoir accepté d'être moi dans toutes mes folies et contradictions, Dieu sait que j'ai souffert, que j'ai pleuré, mais je suis là, toujours debout. »

Suzanne prouve bien qu'exister c'est s'accepter, sans complaisance, mais sans se laisser assujettir à des stéréotypes.

La femme de cette fin de millénaire n'est plus celle de la fin du siècle dernier. L'histoire de Camille Claudel, sœur de l'écrivain, est une vie que toute femme devrait connaître. Elle était l'élève et la maîtresse de Rodin. Femme sculpteur elle-même, elle s'est totalement consacrée à lui, alors qu'il n'a jamais accepté de quitter sa femme pour vivre avec elle. Rodin avait la gloire et elle vivait à l'ombre du maître. Puis elle a voulu conduire son existence, elle a revendiqué son propre talent, sa passion. Mais elle n'en avait pas les moyens : une femme sculpteur ne pouvait être que l'épigone d'un homme, une amante passionnée ne pouvait qu'attendre le bon vouloir de son maître. Elle a tout quitté et, considérée comme folle, elle a été enfermée. Elle a ainsi vécu trente ans à Fondevaux. Était-ce folie que de vouloir aimer et créer totalement ? Aujourd'hui, on réhabilite Camille Claudel en tant que femme et sculpteur exceptionnels.

Nous, femmes d'aujourd'hui, nous pouvons vivre nos passions, nos talents, notre vie professionnelle. La société nous le permet, c'est à nous de choisir.

La réussite sociale

Elle ne peut être exclue de la définition de la réussite. Si les femmes qui travaillent ne la jugent pas suffisante pour définir leur accomplissement, celles qui ne travaillent pas souffrent de son absence dans leur réussite.

Anne a quarante-sept ans, quatre enfants et un mari directeur d'usine. Elle n'a jamais travaillé et n'a jamais paru être affectée de l'ombre d'une question sur son équilibre de vie. Toutefois, à ma question : « Comment vois-tu ta réussite ? », elle réagit avec un mélange de violence et de soumission : « Comment veux-tu que je te parle de ma réussite alors que je n'ai jamais travaillé. Je peux te parler de la réussite de mon mari, te dire comment j'y ai contribué, comment j'imagine la réussite de mes enfants. Mais le mot réussite ne me concerne pas personnellement. »

Cela lui est-il indifférent ? en est-elle frustrée ?... Difficile de le dire. Pour elle, cela « va de soi », sa seule ambition se limite à un aménagement de ses disponibilités, pour les uns ou les autres — jamais vraiment pour elle. Ou par délégation, tant il est vrai que, jusqu'à des époques très récentes, la réussite d'une femme se jaugeait à celle de son mari. Toutes les femmes qui n'ont pas de vie professionnelle spécifique ont répondu de la même manière sans paraître s'inquiéter de ce que le terme de réussite ne réfère jamais qu'à d'autres, époux ou enfants.

Les critères de réussite professionnelle sont beaucoup plus tangibles et visibles que ceux de la vie amoureuse ou maternelle.

Le monde du travail permet d'avoir des critères simples et immédiats pour apprécier qui on est, c'est-à-dire ce qu'on veut et ce qu'on vaut dans son propre regard et celui d'autrui. Une vie professionnelle permet d'évaluer le chemin parcouru, d'interroger les succès et les échecs rencontrés, les zones de blocage, de mesurer les handicaps et les atouts, d'estimer le chemin qui reste à parcourir. Parce que les éléments sont visibles, le monde professionnel impose très vite une évaluation du rôle qu'on y tient.

La vie privée diffère infiniment plus ses jugements, ses satisfecit ou ses blâmes, car ses échéances sont plus souterraines et plus incertaines. Ce n'est que vingt ans après, au mieux, que je saurai si j'ai bien équipé mes enfants pour la vie. Et encore comment pourrais-je m'imputer en toute certitude leur éventuel succès ?

La vie professionnelle ne joue pas sur ces critères et sur cette durée. C'est à la fois le risque qu'elle impose — celui de résultats trop vite jaugés — et l'ouverture qu'elle propose, car rien n'y est de toute éternité acquis. Tout y est possible. La réussite professionnelle est un mouvement, une tension. Elle n'existe pas en fonction d'un héritage, mais d'un projet. Ce qui ne signifie pas qu'il soit toujours facile de bousculer son passé, ou les codes de son milieu — quel qu'il soit.

Paule est écrivain, agrégée de lettres et n'oubliera pas de sitôt le tollé de sa famille quand elle a décidé de choisir la voie universitaire :

« J'étais institutrice, et quand j'ai décidé de préparer l'agrégation, bien loin d'être soutenue dans une entreprise qui était quand même un fameux défi, je n'ai rencontré qu'une réprobation à peu près unanime. J'ai eu quelque mal à comprendre pourquoi. Pour ma famille, je me “ déclassais ”, alors qu'il me semblait être naïvement le contraire. A l'époque, j'étais déjà mariée, et il m'est vite apparu que ce changement social que j'avais décidé seule, et qui n'existait que par moi, était ressenti comme une transgression très critiquable.

» Qu'un homme change de situation sociale, il “ progresse ”, qu'une femme en fasse autant, et elle se livre à une sorte de concurrence déloyale qu'on regarde, dans son entourage, au mieux comme une extravagance douteuse, au pire comme une incongruité inacceptable, une vraie trahison. Et, si par malheur il ressort de ce changement de situation que le salaire de la femme est supérieur à celui de son époux, la tragédie est imminente. »

Le monde du travail offre à la femme des vérifications constantes — et parfois redoutables — de sa valeur.

Trois clignotants permettent de se mesurer, de voir où nous en sommes : la demande, l'argent, le statut.

La demande

Le chômage reste la réalité économique la plus douloureuse des années quatre-vingt. Parler d'un million de chômeurs en 1976 était aberrant : on parle, dix ans après, de trois millions de demandeurs d'emplois avec une sorte de consternation résignée. C'est pourquoi être sollicitée sur le marché du travail est, singulièrement pour une femme, un critère tangible d'évaluation. Une demande qui se restreint est une sonnette d'alarme : celle qui ne sait que « demeurer » à la même place, que nul ne songe à pressentir s'avère très vite facilement remplaçable. Cette loi du marché relève d'une psychologie sans doute élémentaire, mais jamais démentie : n'a de vrai prix que ce que l'autre désire.

Nathalie a quarante-quatre ans et est depuis vingt-cinq ans dans la même entreprise. Elle mesure parfaitement que cette immobilité, qu'on aurait peut-être jugée en d'autres temps comme une preuve louable de stabilité, est en fait un handicap qui la déprécie aux yeux des autres et, plus grave encore, à ses propres yeux.

« Je n'ai jamais changé d'emploi. Je ne connais que cette entreprise et je sais que je suis totalement inadaptable à une autre. Cette perspective m'inquiète, m'affole même. Il y a dix ans que je n'ai pas changé de poste, je sais que c'est un problème mais j'ai peur d'envisager quoi que ce soit d'autre. J'ai répondu à quelques annonces : je n'ai jamais été convoquée nulle part. »

A l'opposé de Nathalie, j'ai rencontré Francine : elle a quarante-cinq ans, est attachée de presse dans une entreprise de publicité. Elle se sait demandée, et son énergie, son rayonnement s'en trouvent décuplés. « Je suis ravie, dit-elle avec un grand rire, parce que j'ai été pressentie par trois chasseurs de tête. Je sais que tant que je suis sollicitée je ne risque rien. Alors je n'arrête pas de me remettre en cause, car je vis avec la hantise qu'un jour plus personne n'ait besoin de moi. »

Francine applique avec maestria la technique de la bicyclette : si on n'avance pas, on perd l'équilibre et on se retrouve dans le fossé...

L'argent

L'argent est indiscutablement un élément fort de la constitution de l'autonomie pour les femmes. Auparavant, l'aisance d'une femme était la résultante de sa dépendance. Elle le devait au fait d'être fille de..., épouse de... Le travail rémunère ce qu'elle est, et non ce à quoi elle se réfère. C'est pourquoi, en tant que moyen, il est un des critères le plus souvent retenu comme garant d'une identité et d'une indépendance.

Colette est standardiste et son mari garagiste. « Pour moi, c'est essentiel de travailler. D'abord, parce que je rencontre du monde, mais surtout parce que je gagne de l'argent. Cela me permet d'être complètement à l'aise vis-à-vis de mon mari. Auparavant, il me faisait des réflexions lorsque j'achetais une paire de chaussures qu'il estimait trop chère ou, tout simplement, lorsque je donnais cent francs à ma fille. J'aime mon mari, mais il est plutôt contracté sur les questions d'argent. Pouvoir disposer de mon salaire lui montre que je reste une femme libre. »

Pour Colette, l'argent balise son aire de liberté. Le salaire qu'elle gagne, même s'il est modeste, lui donne la possibilité et, plus encore, le droit moral d'opérer ses propres choix.

Jeanne, elle, est stomatologiste. Elle a trente-six ans, deux filles et un garçon. « Je gagne de l'argent, c'est vrai, davantage même que mon mari. C'est pour moi extrêmement important. Je me souviens que dans mon enfance j'avais une sorte de malaise quand je voyais ma mère demander de l'argent à mon père, se justifier, lui rendre des comptes. Je me suis juré de gagner de l'argent, de préférence beaucoup, pour être totalement libre. C'est le cas. Je sais que je le dépense un peu à tort et à travers, mais j'ai besoin du sentiment de puissance qu'il me donne. J'adore rentrer dans un magasin très luxueux et dire à la vendeuse qui me regarde avec un air un peu ironique et suffisant — car je suis plutôt petite et boulotte : “ Montrez-moi cette robe noire qui est en vitrine ”, et exiger de l'essayer. J'ai un peu honte, parfois, de ces puérilités, mais j'en éprouve une telle satisfaction que mes scrupules s'envolent. »

Christine, Jeanne, Colette, Dany puisent dans l'argent la preuve tangible de leur réussite sociale, ou du moins de la conquête de leur autonomie. Il leur permet d'acquérir les objets symboliques d'une classe sociale et de se les approprier. Il est la mesure de la puissance acquise et permet de la montrer.

L'argent gagné a donc pour les femmes une double fonction : comme pour les hommes, il joue un rôle symbolique et compensatoire, mais il constitue en outre le fondement de leur autonomie.

Le statut

Les gratifications financières ne sont pas les seules qu'une femme attende de sa place dans le monde du travail : la reconnaissance sociale liée à son statut et à son titre importe également. Or les termes de « statut », « titre », « pouvoir », « autorité » si fréquemment associés, se trouvent dans la réalité bien souvent distingués. Combien d'individus ont le titre et n'exercent pas l'autorité qui y est attachée, et combien d'autres remplissent la fonction et se voient exclus du privilège du titre.

Cette dernière situation est plus particulièrement fréquente pour les femmes. Le refrain est bien connu : « Vous comprenez..., il faut que vous fassiez vos preuves... Assumez d'abord la fonction, vous démontrerez ainsi vos capacités et ensuite vous serez nommée... Aujourd'hui, ce serait très mal pris qu'on vous nommât à ce poste... D'ailleurs, pour vous, ce qui est vraiment intéressant, c'est le travail que vous allez faire, pas le titre. »

Ce piège est classiquement tendu aux femmes, et peu semblent s'en indigner. Pourtant, la bataille pour le pouvoir — et la reconnaissance du pouvoir — n'est pas un combat simplement vaniteux, narcissique ou secondaire. La fonction sans le titre aboutit toujours à une amputation de la réalité du pouvoir. L'accepter, c'est se vouer à rester dans l'ombre, s'interdire les négociations ès qualités, retourner aux anciennes conceptions du pouvoir féminin — égérie ou éminence grise.

Monique a trente-cinq ans, elle est journaliste dans

un important magazine. Elle a longtemps rempli la fonction d'adjointe au rédacteur en chef sans parvenir à obtenir que le titre lui soit conféré. On lui disait qu'elle était jeune, qu'en plus elle était une femme et que sa promotion risquait de froisser la susceptibilité de gens en place. Et que, de toute façon, son rôle était connu de tous, le titre ne lui apporterait rien de plus... A force de se battre, elle a obtenu la reconnaissance officielle de sa fonction : il lui a fallu pour cela souligner que sa crédibilité au regard de ses interlocuteurs était hypothéquée et que, remplissant la fonction, on en venait à supposer que c'était par défiance qu'on ne lui donnait pas le titre qui y est attaché...

Nicole m'explique ce phénomène à son tour : « C'était capital pour moi d'être nommée directeur général, et pourtant je croyais n'attacher aucune importance aux titres. Quand je dis dans un dîner : « Je suis directeur général d'une entreprise de matériel de sport », les attitudes changent à mon égard. Les hommes me parlent et, ce qui est un peu triste, les femmes me fuient. J'existe en tant que telle, j'acquiers une certaine position, une existence personnelle. »

Nommer, c'est faire exister. On le sait depuis la plus haute Antiquité, depuis la genèse même, où le verbe précède toutes les choses et les fait advenir à l'existence.

La bataille des femmes pour que soit reconnu le droit au titre n'est pas un enjeu frivole ou seulement spectaculaire. Il signale, pour elles et pour celles qui les suivront, le chemin parcouru, les territoires conquis, dont le titre est l'emblème.

Se situer, affirmer son identité ne sont pas des démarches sans péril. Quiconque « se mesure » aux autres court le risque de constater que, justement, sa « mesure » n'est pas celle qu'il s'était idéalement rêvée. Plus ou moins consciente, cette angoisse de la confrontation joue dans la mise à l'écart de certaines femmes dans le monde du travail.

Mais l'intérêt de la « mesure de soi » est autre encore ; de même qu'elle permet de comparer ce qui est semblable, elle permet de souligner ce qui est différent. Car les femmes n'ont pas à se modeler au gabarit des rôles masculins. Leur présence sur cette nouvelle scène ouvre le champ de l'invention et non celui d'une stérile duplication.

Ce qu'elles ont à conquérir maintenant est moins un nouvel espace que, dans cet espace, une nouvelle manière d'être.

III

L'ÉCOLE DES FEMMES
OU
LES 10 CLÉS DE LA RÉUSSITE

Pendant des siècles les femmes ont été passives face à l'environnement, le contraire n'était vrai que pour des femmes exceptionnelles. Aujourd'hui la maîtrise de notre avenir est accessible à toutes. Il serait illusoire de croire que parce que l'environnement s'ouvre à la femme, celle-ci est justement prêtes pour le saisir.

Le terme réussir est chargé d'exclusion : « Si je réussis ma vie professionnelle, c'est au détriment de mes enfants ou contre eux. » Le vrai problème qui nous est posé en cette fin de millénaire est celui du RACCORDEMENT entre des UNIVERS qui étaient exclusifs et opposés. Nous passons du OU au ET, ce qui signifie que notre enjeu n'est plus de réussir notre vie sociale ou notre vie privée mais de réussir notre vie sociale ET notre vie privée. Les femmes refusent d'exclure, de mutiler ; elles ouvrent le champ de leurs possibilités et ne veulent plus de situations réductrices. La réussite nous concerne *toutes* et pas seulement celles qui font la une des magazines.

Placer haut la réussite, très haut, est un merveilleux alibi pour ne rien entreprendre. Le problème de la réussite est posé à chacune de nous, là où nous sommes. Cette interrogation nous concerne toutes, que nous soyons coiffeuse, chef de produit, mère de famille ou avocate.

Nous disposons chacune de talents apportés par notre éducation et notre caractère, mais il est nécessaire de les faire fructifier. Un chanteur travaille sa voix, un danseur s'entraîne à la barre, une femme qui veut réussir sur les plans professionnel, personnel et familial est contrainte de travailler sur elle-même.

Le travail sur soi est une démarche de longue haleine. Il exige d'abord de connaître quels écrans, quelles « portes » nous isolent du monde extérieur et de la connaissance de nous-mêmes. C'est dans ce but que je propose ce « trousseau » de dix clés. Des clés, et non des passes : elles n'ouvrent pas n'importe quelle porte. Choisir une ou plusieurs clés, c'est en fait choisir ses pistes de travail et s'entraîner.

Ces dix clés permettent d'ouvrir les portes d'une réussite qui réconcilie vie privée et vie publique. Ce sont des pistes, plus que des recettes, pour déceler les voies à prendre demain. Mais ne rêvons pas, ne nous leurrons pas d'une vision idyllique de la réussite qui nous laisserait croire que le chemin à parcourir est simple. Il est long, difficile, mais il est là, devant nous.

Je ne garantis donc pas que la réussite idéale est à portée de main, derrière la porte. Mais j'affirme que, si vous ne l'ouvrez pas, vous ne l'entr'apercevrez même pas.

Première clé
EXISTER EN TANT QUE PERSONNE

Exister, c'est avoir une identité, connaître ses peurs, ses blocages, ses angoisses, connaître aussi ses atouts.

Avant d'exister pour les autres, il faut exister pour soi. L'autre ne peut pas me reconnaître si moi-même je ne me reconnais pas. « Qui suis-je ? » reste la question fondamentale. La femme n'a pas toujours pris le temps d'y répondre. Elle s'est définie par rapport à l'autre, en disant : « Je suis la femme de... » Les célibataires, elles, ont toujours eu à mener ce combat pour l'identité individuelle et ont été bien souvent des précurseurs dans la définition de l'existence propre de la femme.

Exister en tant que personne, c'est définir son territoire, c'est connaître les lieux qui permettent d'acquérir une certaine densité. On dit d'un être qu'il a de la personnalité, s'il émet un message qui ne se dilue pas dans le lieu commun et l'anonymat, s'il rayonne par sa différence même. Chacun doit définir quel est le champ dans lequel il émet des ondes de rayonnement. Le champ peut être étroit ou vaste mais chacune de nous a le sien qui peut s'élargir ou se refermer au fil des jours. C'est affaire de lucidité et de volonté. Avoir une personnalité, c'est réaliser ses propres choix et pas seulement exécuter ceux dictés par les autres.

Exister, c'est aussi avoir une identité, c'est être autonome, c'est savoir s'adapter.

Nous nous enfermons souvent dans des rôles figés et traditionnels qui bloquent l'épanouissement de nos richesses et de nos potentialités.

Avant d'aborder le thème de l'identité et de l'autonomie je vous propose six portraits qui caricaturent et simplifient des attitudes que l'on retrouve souvent chez les femmes.

Ces descriptions doivent nous permettre de mieux nous situer et de prendre conscience du type de rôle dans lequel nous nous sommes laissé enfermer.

Êtes-vous une femme-écho, une femme opposée, une femme effacée, une femme affirmée, une femme enfermée, une femme extérieure ?

La femme-écho, en 1988, travaille, a un mari et deux enfants. Elle a fait des études universitaires, mais ses bonnes amies disent qu'à l'époque, déjà, elle devait tout apprendre par cœur, car elle n'a guère de faculté de discernement. Elle a maintenant un modèle qu'elle suit aveuglément : son mari ; s'il lui échappe, c'est la catastrophe. En somme, elle n'a guère fait que changer de professeur. Comme il s'intéresse à beaucoup de choses, elle discute de tout, politique, cinéma, télévision, art, voyage, il n'y a que le sport dont elle consent à dire que cela ne l'intéresse pas vraiment. Comme le mot l'indique, elle épouse le point de vue de son mari, qui est un notable reconnu. Toutefois, quelques verres de vin dans un dîner lui donnent la force de s'engager et de dire que Chirac est le sauveur dont la France a besoin pour se relever du socialisme qui a failli nous ruiner.

La femme-écho vit dans un milieu bourgeois, de bon niveau intellectuel, sait parler et parle parfois beaucoup. Mais, comme la nymphe Écho, elle ne fait que reproduire ce qui a été dit. Elle duplique mais ne réplique pas. Ne croyez pas qu'elle flatte la virilité de son seigneur et maître, ce serait une grave erreur, elle n'a seulement jamais eu l'habitude d'avoir une idée personnelle et n'en souffre pas. C'était à l'école une élève consciencieuse. Elle ne manque pas de qualités et troque ses démissions contre les pouvoirs domestiques.

Femmes-échos, gardez le modèle..., sinon vous n'aurez plus d'écho !

La femme opposée. Célibataire ou mariée, elle travaille. Elle s'implique à fond dans son job, a toujours mille histoire à raconter sur les pièges que les hommes ont voulu lui tendre et qu'elle a su déjouer à temps. Elle sait que l'homme ne vit que sur la puissance et la force et n'est pas prête à s'y soumettre.

Elle ne se remet pas de n'avoir pu être, en 1972, à la réunion du M.L.F. à la Mutualité, car elle connaît des milliers d'histoires affreuses dont les femmes ont été victimes — différences ignominieuses de salaire, écoutes téléphoniques, coups et blessures — qu'elle se serait fait un devoir de raconter. En fait, elle ne s'intéresse pas réellement aux femmes mais plutôt à la cause qu'elles représentent. Elle est obnubilée par les hommes, qui sont l'objet de ses attaques permanentes. Elle leur doit beaucoup car, grâce à eux et à leurs machisme, elle conserve une détermination que rien ne peut altérer. Dans les dîners, elle choisit toujours un homme comme adversaire, s'intéresse peu aux femmes qu'elle contredit sur un point ou l'autre, avant de les négliger complètement. Son mari, si elle en a un, a pris l'habitude depuis très longtemps de se taire. Il la regarde, selon les jours ou son état de fatigue, d'un regard lassé ou amusé. Elle agresse fortement ses adversaires, possède une réponse pour toutes questions ou alors l'invente.

Femmes opposées, à force de tuer vos adversaires, vous n'en aurez bientôt plus...

La femme effacée. C'est une « bobonne ». Qu'elle travaille ou non, on ne sait pas ce qu'elle fait, elle n'en parle jamais. On peut même se demander si elle le sait. Les tâches répétitives ne la fatiguent pas, c'est du changement dont elle a horreur. Elle a entre vingt-cinq et soixante-six ans, elle est bien sous tous rapports, s'occupe des enfants avec une vigilance sans défaut, ne rate ni un conseil de classe ni une réunion de parents d'élèves. Elle participe au catéchisme ou à un club associatif de quartier, elle rend des services mais personne ne le sait. Elle est toujours présente à l'heure, ne parle jamais, sourit et repart comme elle est venue sans avoir marqué son passage. Personne n'a rien à lui reprocher.

Elle s'est toujours occupée de malades autour d'elle, elle a soigné sa mère et sa belle-mère. Elle ne décide ni de l'achat de la voiture ni de la chaîne hi-fi, mais elle règne en maître dans sa cuisine (ce qui ne signifie pas qu'elle cuisine bien).

Elle n'exerce sa tyrannie sur son mari qu'en faisant les comptes et en lui « faisant les poches », à l'occasion.

Elle réussit à le tenir par une extraordinaire pression de culpabilité, elle s'est construit une image de sainte qu'aucun iconoclaste n'ose réellement détruire. On ne l'entend guère et elle ne s'anime vraiment qu'avec d'autres femmes quand il s'agit d'enfants, de tricot ou de fleurs.

Femmes effacées, on risque de vous oublier !

La femme affirmée a un job très intéressant, mais espère progresser ou en changer sous peu. Elle est dans le coup, aime s'habiller, y consacre beaucoup d'argent, ce qui lui donne des sueurs froides quand elle découvre son relevé bancaire, et affirme que c'est indispensable pour son travail. Elle a toujours vu le dernier film, connaît le restaurant « in » et adore l'opéra. Malheureusement, elle n'a plus le temps de lire, ni de voir la télé. Elle a un « Mac Plus », parce que c'est vraiment fantastique pour écrire, mais, hélas ! elle n'a pas le temps d'écrire non plus. Elle fait du sport, s'occupe de sa forme. Elle part à Quiberon pour une cure de thalassothérapie avec une amie. Elle aime passionnément New York, adore le quartier où elle vit et boit du vin rouge à l'apéritif.

Elle peut être mariée ou remariée, elle peut être célibataire, vivre avec des hommes ou avec des femmes, mais, quelle que soit sa situation, elle n'a l'intention de laisser passer aucune des opportunités qui se présentent à elles. Elle est armée pour cette société, sait jouer de sa condition de femme et utiliser la connivence ou la force selon les besoins. Les hommes la recherchent, car elle est souvent drôle, rapide, vive. Les femmes la critiquent beaucoup, mais admire son allure désinvolte, sa capacité à saisir la vie à pleines dents.

Elle ne s'encombre ni de préjugés ni de culpabilité et n'hésite pas à coiffer tous les hommes diplômés et futurs promus qui l'entourent.

Femmes affirmées, l'alcoolisme ou l'infarctus vous guette et l'âge ne vous fera pas de cadeaux !

La femme enfermée. Qu'elle travaille ou non, il n'y a que son foyer qui l'intéresse. Elle ne reçoit personne sauf sa famille. Elle s'occupe des devoirs, des leçons, de la danse et du judo de ses enfants. Elle voudrait bien que son mari achète un camping-car, parce que c'est bon pour les enfants de voyager. Elle ne fait pas de sport, car elle n'a pas le temps. Le dimanche, elle refait les placards ou la chambre des petits avec son mari, s'il est encore là. Si elle est divorcée, vous ne vous en apercevez pas, et, si elle est célibataire, elle prend soin de sa mère. Elle s'occupe beaucoup, mais uniquement à l'intérieur de son foyer. Elle fait quand même partie, avec quatre autres femmes de son quartier, d'un club de reliure dirigé par une ex-soixante-huitarde reconvertie dans l'animation, après un passage désastreux dans la confection de fromages de chèvre en Ardèche. Elle cuisine peu, mais fait des pâtisseries. Elle est organisée pour le seul plaisir d'être organisée : son emploi du temps est réglé à la minute près, mais elle aurait du mal à vous expliquer pourquoi il est impératif de faire les courses de la semaine le mardi plutôt que le mercredi.

Elle participe peu à des dîners. Le soir, la famille se couche tôt pour se lever tôt le matin. La politique ne l'intéresse pas et les matches à la télé l'épuisent. Elle garde précieusement les cahiers de ses petits qui ont une si étonnante personnalité ! Pas une de leurs bêtises ne vous est épargnée lorsque vous la rencontrez. Elle ne parle que de ce qui se passe chez elle et devient intarissable. Elle a une prédilection pour l'un de ces enfants, celui avec lequel elle est souvent en conflit, et ne parle que de lui. Ses centres d'intérêt se referment tous les jours davantage mais celui qu'elle tient, elle ne le lâche jamais.

Femmes enfermées, la vie est aussi dehors...

La femme extérieure a définitivement choisi de fuir les milieux clos, elle vit dehors, dans les lieux, les pays qui bougent. Elle mange au restaurant, va en vacances au Club Méditerranée. Son carnet d'adresses est énorme. Vous la retrouvez en politique, dans le show-business, dans la publicité, dans l'entreprise et, si jamais elle ne travaille pas, elle anime et dirige des clubs. Si elle fait une carrière politique, elle est inscrite dans un parti depuis longtemps, elle a pris le goût du pouvoir et de l'autorité. Elle a fait des centaines de kilomètres sans rechigner pour participer à des réunions de soutien, mais aujourd'hui elle est enfin sur les listes électorales. Un de ses amis lui a même dit qu'un jour elle serait ministre. Elle connaît un nombre considérable de gens connus, brasse beaucoup de problèmes qu'elle résout, car elle est efficace. Elle soutient les femmes, est généreuse et n'hésite pas à s'impliquer dans de multiples causes.

Si elle est dans le show-business, elle privilégiera sa carrière et ses voyages. Si elle est dans l'entreprise, elle n'hésitera pas à aller à l'étranger diriger une équipe de représentants et faire ce que les autres ne font pas.

Elle ne connaît rien des choses de la maison, elle se vante de ne pas savoir si l'on cuit les pâtes à l'eau chaude ou à l'eau froide et s'énerve souvent contre ceux qui devraient l'aider et le font mal. Elle est belle parleuse, ne manque pas d'humour ni de talent rhétorique mais peut devenir fatigante, car elle a tendance à occuper tout le terrain sans égards pour les autres.

Femmes extérieures..., beaucoup vous attendent au tournant !

Suis-je l'une de ces femmes ? Je ne suis aucune totalement et toutes à la fois tour à tour. Aucune n'est parfaite, aucune n'est détestable, mais toutes restent assujetties à des modèles et surtout briment en elles-mêmes une part d'elles-mêmes.

Le défi, c'est être soi. Nous ne pouvons plus nous contenter de nous définir par rapport au statut et au métier de l'autre — père ou époux — mais nous devons le faire par rapport à nous, à ce que nous savons et voulons faire, par rapport à ce que nous pensons.

Avoir une identité devient une obligation. Le nombre de divorces augmente considérablement, les femmes et les hommes vivent de plus en plus seuls, le couple n'est plus l'institution sociale de base. Un nombre grandissant de femmes prennent le risque de la solitude et préfèrent exister seules que de mal vivre à deux. Les exigences de chacun augmentent, car aucun des partenaires ne veut renoncer à être soi pour l'autre.

Partir à la conquête de son identité peut signifier s'opposer à celles que les autres veulent vous imposer parce que cela les arrange. Les groupes sociaux, quels qu'ils soient, collent sur les individus des étiquettes dont ils ne peuvent, ensuite, se libérer. Pour changer d'étiquette, il faut changer de milieu. Un enfant qui, à l'école, a l'image d'un chahuteur est enfermé dans le rôle que maître et élèves attendent de lui.

Nous verrons que l'identité s'exprime à travers les rôles que nous devons jouer. Mais qu'est-ce que notre identité ? « L'identité, dit le Petit Robert, c'est ce qui permet de reconnaître une personne parmi toutes les autres. » Cela ne suffit pas. L'identité n'est pas un état, mais un mouvement. L'identité n'est pas derrière soi, mais devant soi. C'est une existence et non une essence. Elle se construit dans la confrontation avec le monde, elle n'est pas à « retrouver » dans une hypothétique profondeur où elle aurait été enfouie pour demeurer inchangée. Elle ne peut être du côté de l'origine, sinon elle ne serait pas « ce qui permet de reconnaître une personne parmi toutes les autres ». Regardez donc une rangée de nourrissons à la maternité ! En dépit d'un mauvais coup de l'étymologie, l'identité est le contraire de l'identique. Perdre son identité, c'est se fossiliser, c'est la mort où nous sommes définitivement identiques et semblables à nous-mêmes.

L'amour peut, par exemple, être une tentation de se perdre dans l'autre, mais cette façon de s'abîmer dans l'être aimé risque de détruire toute relation : si je perds ma singularité, j'annule les raisons pour lesquelles l'autre m'a aimée ; si je me perds, il me perd — et je le perds aussi. Cet apparent don de soi est en fait une privation.

« J'ai connu Jacques il y a maintenant cinq ans, se souvient Sylvie. Nous sommes médecins dans le même service à l'hôpital. Ce fut dès le début l'amour fou, la passion, la fusion. Je me suis coulée en lui, je n'existais que par lui, je pensais comme lui, mangeais comme lui, aimais la musique qu'il aimait. J'existais en lui, par lui, ça a été merveilleux puis, au fil des jours, je me suis inquiétée, affolée, car il n'était plus exactement le même avec moi, j'avais le sentiment qu'il se détachait de moi. J'avais perdu ma propre identité, donc ce pour quoi il m'aimait. Cela a été un déchirement épouvantable le jour où j'ai pris la décision de partir faire un stage de deux mois aux États-Unis pour me refaire une santé, une personnalité. Vous n'imaginerez jamais ce que j'ai pu souffrir, je suis partie quand même. Mais je sais aujourd'hui que j'ai sauvé notre amour qui s'asphyxiait. »

Construire son identité ne signifie pas non plus se constituer une personnalité monolithique, passible d'une définition et d'une seule. Tous les individus sont fragmentés, ambigus, contradictoires, mus par des pulsions diverses, et là réside leur richesse.

Encore faut-il que cette multiplicité n'aboutisse pas au morcellement. C'est pourquoi il convient de construire l'image de cette identité et donner de la cohérence à ce que vous êtes.

Car, pour remplir tous les défis que nous nous fixons, sur des scènes sociales différentes, nous devons élargir le nombre de rôles à jouer en apprenant à gérer nous-mêmes nos ambiguïtés, nos contradictions et nos angoisses. Avoir une identité, c'est ne pas être une assistée.

L'identité charpente l'image que l'on a de vous. Mais les femmes ont besoin de modèles, d'images d'identification pour progresser. Le modèle ou la référence n'impliquent pas nécessairement le mimétisme. On forge tout autant sa personnalité « contre » que « comme » quelque chose ou quelqu'un, mais il est impossible de se penser dans le vide, sans point de comparaison. Or la difficulté est qu'aujourd'hui encore les modèles sont plus souvent des hommes, ce qui fausse l'identification. Construire notre identité est donc aussi un devoir, car nous pouvons devenir pour les femmes de demain des références et des modèles.

Puisqu'on ne construit jamais son identité une fois pour toutes, on peut commencer à tous les âges de la vie.

Si les circonstances ou notre éducation nous ont amenées à nous enfermer dans un rôle imposé, si nous n'avons existé que par personne interposée, il est toujours temps de décider d'être soi.

Thérèse était institutrice. Elle a cessé de travailler à trente-cinq ans pour élever ses enfants. Son mari avait une belle situation, il était autoritaire et ne partageait pas son pouvoir. Thérèse s'est coulée avec souplesse et facilité dans le rôle qui lui était imparti, elle a plié l'échine. Son mari est mort à soixante-deux ans, à l'âge où il prenait sa retraite. Thérèse s'est alors occupée de son père, qui est mort sept ans plus tard. A soixante-sept ans, elle a décidé de reprendre sa vie en main. Elle s'est inscrite à l'université du troisième âge, suit des conférences, fait de la marche et de nombreux stages. Cette femme, à soixante-sept ans, a forgé son identité, sa personnalité. Elle s'organise, se prend en charge, s'occupe d'elle.

La construction de son identité est un travail solitaire et continu : personne ne peut réellement vous aider. Ce ne doit pas être un acte substitutif mais au contraire une priorité pour faire autre chose. Trop de femmes ont profité d'un vide dans leur vie pour rechercher leur identité. Hier on nous apprenait à vivre pour l'autre, aujourd'hui nous découvrons que vivre pour l'autre implique d'abord d'exister pour soi.

Acquérir de l'autonomie

La liberté est à l'autonomie ce que le vide est à l'architecture. L'autonomie est complémentaire de l'identité. Trouver son identité, c'est acquérir son autonomie et avoir suffisamment de ressources psychologiques pour s'assumer seul. Être autonome, c'est avoir la capacité de diriger sa vie, de choisir ses voies, de rechercher sans cesse son équilibre, d'accepter de changer, de se remettre en cause, de bouger. Certains êtres confrontés à une difficulté recherchent toujours le coupable, celui qui les a « empêchés » de faire. Cette attitude révèle un manque d'autonomie. Le refus de rechercher en soi les causes des problèmes rencontrés est un extraordinaire frein à l'acquisition de l'autonomie.

Elle n'est pas un phénomène spontané. Dans la relation affective, dépendance et indépendance sont nos attitudes les plus naturelles. Être dépendant de quelqu'un, c'est tout en attendre ; être indépendant, c'est à l'inverse tout en refuser. L'autonomie consiste à accepter ses propres dépendances ou indépendances, mais de ne pas s'y laisser totalement enfermer.

Être autonome, c'est aussi respecter l'autre dans son identité et ne pas chercher à la réduire à la sienne. Nous avons tendance à nous approprier les autres, à en faire nos objets. Cette possessivité n'est pas toujours consciente, et elle peut se masquer sous des dehors d'indépendance. Mais indépendance et autonomie sont choses différentes comme le démontre le cas d'Inès.

Inès était ce qu'il est convenu d'appeler une femme très indépendante. Mariée depuis vingt ans, elle avait une vie bien organisée, faisait ce qui l'intéressait, avait choisi de ne pas travailler et avait quelques liaisons passagères. Son mari voyageait beaucoup : elle n'en souffrait nullement, se plaisait seule ou avec ses amies. Elle n'a jamais été intéressée par les choses de la maison et avait pour hobby la psychologie.

Lorsqu'elle a décidé de suivre une dynamique de groupe, il était exclu que qui que ce soit contrecarre son choix. Elle menait donc sa vie tranquillement et de façon tout à fait indépendante.

C'est alors que son mari rencontre chez des amis communs une fille intelligente, vive, qui travaille et s'émerveille de tout, animée d'une soif de vivre et de connaître extraordinaire. C'est la rencontre, une découverte pour l'un et l'autre.

Inès se doute de quelque chose et, tout à coup, elle se met aux aguets, fouille partout, questionne, épie les voyages de son mari, découvre des notes d'hôtel ou des billets d'avion et rentre dans des crises, des scènes épouvantables. Elle s'enferme dans une dépression, prend des attitudes qu'elle-même aurait jugées indignes trois mois auparavant. Elle sème la panique partout, informe tout le monde, utilise les moyens les plus abjects pour casser cette histoire. Elle est plongée dans une folie dévastatrice...

Inès était indépendante mais n'avait aucune autonomie. Elle s'était fabriquée à bon compte un masque d'autonomie qui s'est écroulé lorsqu'elle a dû s'assumer seule. Elle n'avait ni identité ni métier, et son mari lui servait de pilier auquel elle s'était amarrée. Le pilier se rompt : elle est à la dérive. Comme elle, bien des femmes ont connu des formes d'indépendance sans réelle autonomie.

En fait, l'autonomie s'acquiert tous les jours, grâce à des gestes simples, mais efficaces, par lesquels on s'autorise à faire seule ce dont l'autre n'a pas envie.

Antoine et Anne ont trente-cinq ans, deux enfants de cinq et dix ans. Antoine est cadre chez I.B.M. ; il vient de suivre un stage qui lui assure une belle promotion, Anne a cessé de travailler pendant cinq ans pour s'occuper de son fils et vient de trouver un poste dans un cabinet d'études de marché pour faire des enquêtes.

Ils habitent Versailles. Ils ont beaucoup d'amis. Anne m'explique que depuis cinq ans elle n'arrête pas de recevoir et de faire la cuisine, aussi a-t-elle décidé de s octroyer ses propres plaisirs. « Antoine a horreur de l'opéra, dit-elle, et moi je l'adore. J'ai pris un abonnement et j'y vais régulièrement. J'ai d'autres amies dans le même cas que moi, j'ai essayé de les décider à m'accompagner. C'est impensable pour elles de laisser une fois par mois leur mari à la maison pour garder les gosses et de s'octroyer ce plaisir. Aussi, j'y vais seule. »

Pourquoi s'interdire de faire ce que l'autre n'a pas envie de faire avec soi ? A cause d'une culpabilité, d'une peur des représailles — ou d'une incapacité à exister seule ?

L'autonomie est une acquisition douloureuse, car elle impose de prendre de la distance avec soi-même et avec l'autre. Mais elle est indispensable.

Accepter la différence

L'existence de la femme dépend de sa non-référence à l'homme. Aujourd'hui, on met en valeur le fait que les hommes et les femmes ont une vision différente du monde, de la morale et de l'éthique. La vision masculine s'exprime plutôt à travers des droits et des règles alors que celle de la femme semble se manifester davantage à travers la communication. On a souvent reproché à la femme son approximation, son manque d'esprit mathématique. Mais ce manque de rigueur se révèle être un atout lorsqu'on travaille dans un environnement complexe, ambigu, où il devient parfois nécessaire de « naviguer » à l'instinct.

La pensée masculine est plus hiérarchique, la pensée féminine plus syncrétique ; elle recherche une vision du monde plus globalisante et moins centrée sur des causalités directes.

S'il est vrai que les femmes ont plus généralement le sens de la responsabilité collective, si elles sont plus généralistes que les hommes, c'est une chance dans une époque comme la nôtre où nous avons besoin de médiateurs entre des systèmes qui doivent être raccordés. Les femmes ont, par éducation, davantage le sens des passerelles, des concessions, des connivences. C'est un capital à exploiter. La fameuse intuition féminine est un outil et non une fin, elle est importante à l'heure où nous avons des doutes sur le rationalisme scientifique.

Émilie a trente ans, elle est inspecteur de police. Ce n'était pas une vocation puisqu'elle avait commencé des études de médecine où elle faisait davantage du théâtre que des T.P. de biologie. Un commissaire de police ami de son père lui démontre qu'elle a une possibilité de carrière fantastique dans un monde où on manque de femmes.

Elle passe le concours, elle y est reçue et commence à travailler.

« Quand ils m'ont vue débarquer dans le premier commissariat ou j'ai été placée, ils m'ont regardée d'un air circonspect, mais ils ont eu une première réaction plutôt bonne et protectrice. Mais, très vite, ils ont pris conscience que les femmes dans la police peuvent faire à 95 % les mêmes choses qu'eux. Imaginez la tête de ceux qui étaient rentrés dans la police en répondant à des affiches du style : La police, un métier d'hommes... Ils ont très vite tourné au vinaigre, ils sont devenus méchants, agressifs; ils digéraient mal ma présence. Aujourd'hui, ça va mieux. C'est la troisième étape. Ils ont fini par reconnaître que je pouvais apporter quelque chose de spécifique. Lorsque nous sommes confrontés à un événement compliqué, je pose des questions que d'habitude les hommes ne posent pas. J'élargis notre champ d'observation, je ne supporte pas les causalités fermées, étroites, je cherche à comprendre de façon plus large. Je crois que nous, femmes, avons une perception différente des choses et des gens. Nous avons d'autres structures mentales qui font que je n'appréhende pas les choses comme eux. Maintenant ils me demandent chaque fois mon avis avant de prendre une décision... J'occupe aujourd'hui une place qui m'est propre, mais il m'a fallu beaucoup d'endurance pour réussir à la construire. »

Si nous réussissons à échanger les notions d'infériorité en notion de différence, nous aurons gagné. Les différences entre hommes et femmes sont réelles, mais il est inutile d'en faire un conflit ontologique.

Le conflit homme-femme est un handicap qui absorbe notre énergie sans grand profit. Le problème n'est pas là. Le défi qui nous est proposé consiste à reconnaître nos différences, à refuser de prendre l'homme pour modèle absolu et le stéréotype traditionnel de la femme pour référence, à innover dans d'autres styles de comportement.

S'adapter

Le rêve d'une société sans crise, sans heurts et sans ruptures s'est développé au cours de ces dernières années. La société française est parfois saisie par le désir ou le sentiment que les institutions devraient nous protéger de tout. On aimerait vivre dans un monde immunisé, où les risques, s'il en reste, seraient tous couverts par des assurances. On a créé des structures pour nier le risque. Dans notre hexagone où les risques naturels n'existent guère, on a fait du risque une exception, voire un scandale. Toutes les télévisions, toutes les radios sont mobilisées lorsqu'une autoroute est stoppée par la neige, alors que cette aventure est le lot quotidien au Canada. On parle de sinistrés lorsque le froid prive trois cents personnes d'électricité, alors qu'au Salvador des tremblements de terre tuent des milliers de gens.

Aimerions-nous donc tant vivre dans cette absence de toute émotion, de tout enjeu, garantis par une sorte de *Big Brother* qui prendrait tout en charge ? Aurions-nous oublié cette sagesse populaire qui affirmait « Qui ne risque rien n'a rien » ?

A force de redouter le risque, nous courons le

danger de ne plus avancer et de nous fossiliser sur place. Or tout change et quelqu'un qui refusera d'avancer avec souplesse sera mal préparé pour les années à venir.

S'adapter, c'est comprendre l'environnement qui nous entoure. Cela nécessite une double capacité de curiosité et d'écoute. L'être qui n'est plus curieux de rien est un mort debout. Celui qui ne sait plus écouter devient un artiste, coupé du monde, comme la femme bavarde qui abreuve l'autre de ses paroles et de ses conseils. Son bavardage est un solliloque. L'écoute est l'inverse du bavardage.

Écouter, ce n'est pas se taire, c'est savoir poser des questions, relancer la discussion, approfondir ce qui est essentiel.

Nadia organise des forums pour chefs d'entreprise et rencontre de nombreuses personnalités. Elle est étonnante, car elle croit que pour plaire il faut parler. Elle explique à Kissinger la politique étrangère des États-Unis et à Antoine Riboud l'avenir du verre en France. Elle a été élevée selon un certain modèle de la maîtresse de maison, celle qui ne sait rien, mais peut parler de tout. Elle aurait fait les délices de La Bruyère pour un de ses portraits.

Non seulement elle fait mal son travail, elle passe à côté de l'essentiel, mais elle donne une image de la femme qui conforte le stéréotype traditionnel.

S'adapter, c'est au contraire apprendre à s'effacer momentanément, le temps d'évaluer une situation et de la comprendre. C'est se donner la possibilité de saisir les enjeux.

Les femmes ne doivent jamais commettre l'erreur de croire que leur intention les dispense d'écouter, d'apprendre et d'être flexibles dans les situations nouvelles.

S'adapter, c'est enfin changer de cap si besoin est. Sens de la différence, aptitude à l'adaptation et à l'autonomie : ce sont là les conditions nécessaires à la constitution d'une identité positive. Avez-vous les moyens de les acquérir ?

HUIT QUESTIONS QUI VOUS PERMETTRONT DE JAUGER VOTRE IDENTITÉ

- Est-ce que j'acquiesce aux propos de quelqu'un dont je ne partage pas le point de vue ?
- Est-ce que je refuse de prendre la parole en public ?
- Est-ce que, dans ce cas, je demande à l'autre d'intervenir pour moi ?
- Suis-je convaincue que ce que je pense n'intéresse personne ?
- Est-ce que, dans un dîner, je discute à part avec les autres femmes ?
- Est-ce que je considère qu'aller seule au cinéma ne se fait pas ?
- Suis-je capable de refuser un dîner qui m'ennuie ?
- Est-ce que, lors d'une rencontre, je me définis systématiquement par le statut et la profession de mon mari ?

Si à chacune de ces questions vous avez répondu « OUI », ne perdez plus de temps pour réagir, car vous risquez de ne jamais exister.

2e clé
FAIRE DES PROJETS PERSONNELS

Les valeurs traditionnelles qui ont charpenté notre société sont remises en cause. Famille, religion, fortes idéologies sont ébranlées. Les institutions qui soutenaient notre enfance ont perdu une part de leur crédibilité. Notre environnement est fracturé de toutes parts. Nous avons de plus en plus de difficulté à nous rattacher à des valeurs toutes faites, à nous reconnaître des projets qui ont été construits pour nous, mais sans nous. Cet affaiblissement des valeurs pré-établies rend plus impérieuse encore la construction de nos propres projets. Ceux-ci doivent devenir la colonne vertébrale de notre vie, comme celle des organisations, institutions ou entreprises où nous agissons, car c'est sur les projets que se mobilisent les groupes et les individus.

Le projet, c'est le but, mais aussi l'aulne à laquelle se mesure la réussite. Celle-ci n'existe pas en valeur absolue, elle n'a de sens qu'en fonction du but que l'on souhaite atteindre. Le projet, projection vers le futur, nécessite donc adaptation, reformulation en fonction de l'évolution des situations.

Un projet n'est pas une vague idée, un dessein approximatif. Il doit être défini, situé dans le temps, ancré dans le concret. S'il appartient au domaine du rêve ou du fantasme, le projet devient un alibi. Les femmes ont souvent cette tentation de vivre ainsi dans le flou. Elles ne veulent pas se priver du plaisir de saisir l'opportunité et elles craignent que le projet ne soit un carcan qui les prive de souplesse et de mobilité.

Non seulement le projet structure notre existence, lui confère un sens, mais il nous aide dans notre relation à l'autre.

Sans projet, l'autre nous absorbe, il s'approprie notre existence pour la mettre au service de la sienne. C'est une attitude courante des femmes que de se couler dans les projets des autres ou de ne construire des projets que pour eux, au risque de perdre leur propre identité et d'être confrontées à des choix qui se résument à se soumettre ou à se démettre.

Avant de construire le projet d'un autre, occupez-vous du vôtre, c'est le seul où vous aurez en main le maximum de cartes qui permettront sa réussite. Construire le projet de l'autre au lieu du sien caractérise les attitudes ancestrales de la femme éminence grise, égérie semi-clandestine, stratège en coulisse. Elle vit, dirige, existe par personne interposée. Elle est animée le plus souvent de projets ambitieux et très construits qu'elle imagine pour l'autre. Mais elle se prépare les pires frustrations au fur et à mesure que cet autre, le succès aidant, se soustraira à ce rôle mutilant, réducteur, de marionnette qu'elle a choisi pour lui, à défaut de se risquer elle-même.

Le projet est un acte personnel au sens où vous êtes maître d'œuvre de sa réalisation. Il peut être négocié avec d'autres, il le doit même, mais il est toujours dangereux de choisir pour projet celui de l'autre, ou de jouer le sien par personne interposée. Construire un projet est un choix de priorité, c'est une démarche presque obsessionnelle qui pousse à refuser tout ce qui peut nuire à sa réalisation.

Les grands leaders vivent souvent leur projet de manière totalement obsessionnelle, eux. Mais il s'agit là de cas trop particuliers. La plupart du temps, le projet ne réduit pas le champ des possibles, il l'articule, le concrétise, il vous rendra plus vivante, plus présente au monde. La renonciation à tout projet personnel, au contraire, signifiera le vide, l'absence de tout horizon, un avant-goût de la mort.

Sabine, à cinquante ans, possédait une importante galerie de peinture. Elle était au sommet de sa carrière mais s'ennuyait mortellement. Elle buvait beaucoup, se couchait tard, devenait d'une maigreur effrayante. Elle n'osait plus se regarder dans la glace.

« Je devenais caractérielle, dit-elle aujourd'hui, car je n'avais plus de projets nouveaux, je cognais sur tout le monde, je me sentais rétrécir tous les matins. » On la sollicite pourtant, on lui propose d'ouvrir une galerie à Londres, à Genève. Elle se sent trop lasse, trop fatiguée. Elle pense qu'elle ne peut plus rien entreprendre.

Un soir, par hasard, elle retrouve un vieil ami américain perdu de vue depuis longtemps, dans le bar du Plazza aux couleurs tendres où elle aime tant à se retrouver. Elle est heureuse de le revoir, ils se sont reconnus sans hésitation. Ils ont pourtant changé l'un et l'autre, mais lui est plutôt mieux qu'il y a vingt ans ; ses tempes grisonnantes donnent de la douceur à son visage et, surtout, il est animé, plein d'enthousiasme. Ils bavardent longuement et elle lui raconte où elle en est. « Vends ta galerie, lui dit-il, et viens t'installer à New York. Décide-toi, je te téléphone lundi. »

Sabine passe, dit-elle, le plus atroce week-end de sa vie... Elle a cherché des amis pour discuter, mais personne n'était à Paris. « J'étais tentée et, en même temps, je pensais que c'était une folie. Mais Jim avait fait renaître en une soirée la flamme de l'envie d'entreprendre, de changer. »

Le lundi, à 18 heures, elle a téléphoné à son marchand de biens pour lui dire qu'elle vendait la galerie et qu'elle partait à New York. Là-bas, elle a vécu le stress du projet nouveau, l'angoisse du risque, mais elle a quitté la mort pour ressusciter au bonheur d'entreprendre.

Sabine s'asphyxiait sans nouveau projet. L'aventure était difficile, car à New York et dans son domaine, la compétition est rude et les grandes galeries ne manquent pas, mais sa compétence était indiscutable et son envie de réussir l'était plus encore.

Sabine, grâce à cette rencontre, s'est remise en route.

La femme qui n'a plus le sens du projet perd peu à peu de son intérêt pour son entourage, mais la prise de conscience en est longue, car elle se joue dans un réseau de contradictions. Les autres — les hommes, les amis, la famille, l'être aimé — demandent, exigent la disponibilité, veulent être le seul projet de votre vie. Si vous cédez à la facilité, ils trouveront que vous manquez d'intérêt et d'attrait. Vous deviendrez alors leur chose, leur projet, vous perdrez le sens de l'existence.

Je me rappelle un de ces dîners où avocats, médecins et autres cadres supérieurs se retrouvent le vendredi soir. La vie sociale et ses valeurs se font et se défont ainsi en fin de semaine, au détour de ragots récoltés au prétoire, à l'hôpital ou au bureau. Les potins arrosés de whisky prennent de l'ampleur, se transforment et servent d'exutoire à ce petit monde fourbu d'une semaine vécue au-dessus de ses moyens...

Ce soir-là, c'est Jeanne qui invite, et son whisky pur malt vaut bien celui des autres. Nous venons de déguster ensemble quelques petites vacheries apéritives quand, tout à coup, elle se métamorphose en femme indignée pour déclarer :

— Savez-vous que Pierre a quitté Anne pour partir avec une nana de trente ans, moche comme un pou en plus ! Il paraît qu'elle dirige une agence de pub. Vous vous rendez compte ! Après tout ce qu'Anne a fait pour lui depuis vingt ans, c'est un scandale ! Une fille si gentille qui a tout sacrifié pour lui, la plaquer maintenant...

Je regarde Antoine, qui est en face de moi. J'aime son visage carré de rugbyman, bien encadré par des cheveux blond cendré : il fixe Jeanne et sa femme. Ses yeux sont noirs d'orage. Je le connais bien, la rougeur de ses pommettes ne trahit pas seulement la qualité du whisky : ça va barder. Lui qui reste le plus souvent silencieux dans ce genre de soirée coupe la parole à Jeanne :

— Cela fait vingt ans qu'Anne emmerde Pierre, elle est rasoir, collante, sans projet... C'est une chieuse de première qui récolte ce qu'elle a semé, c'est bien fait pour elle...

Silence, consternation, puis sortie de mêlée : la connivence se lit sur tous les visages, la discussion repart sur le golf, les impôts à payer et les voitures japonaises.

L'esclandre d'Antoine traduit bien ce que les hommes attendent aujourd'hui des femmes. Avoir un projet leur confère une dimension plus forte puisque c'est grâce à lui qu'elles ont le courage d'avancer, de changer, de se transformer.

Mais se projeter dans le futur implique que nous quittions ce lieu de nous-mêmes où nous nous étions benoîtement installées, ce qui peut entraîner des remises en cause déchirantes, des ruptures difficiles à vivre, pas seulement pour nous mais pour ceux avec qui nous vivons.

Tout projet dérange, et si nous avons donné l'habitude d'être toujours à la même place, nous ne devons pas nous attendre à ce que notre entourage participe pleinement à l'élaboration de celui que, soudainement, nous nous proposons.

Annick a ressenti ce phénomène : elle a décidé de faire seule son choix, sans en parler à qui que ce soit, de peur d'être stoppée dans sa démarche. Elle est divorcée, remariée depuis trois ans avec un homme qu'elle adore, elle a un fils et a d'abord décidé de s'octroyer le plaisir de ne pas travailler. La première année fut idyllique, les activités ménagères, les soins à donner à l'enfant l'occupaient pleinement. Elle me raconte : « Mon mari est très machiste ; pour lui, une femme doit rester à la maison...

Au début, il me téléphonait deux fois par jour, rentrait le plus vite possible à la maison où je l'attendais, ravie. Au bout d'un an, j'ai commencé à m'ennuyer horriblement, je pleurais pour un rien, je me traînais, je ne supportais plus son attitude de propriétaire.

J'ai alors recherché un travail, et je ne lui en ai pas parlé, car il aurait tout fait pour m'en empêcher. Un vendredi soir, je lui ai dit : « Lundi, je commence à travailler. » J'ai cru qu'il se trouvait mal... et puis il en a pris son parti et maintenant tout va bien. Désormais, je prends mes décisions sans en parler à l'avance, parce que j'estime que je suis maîtresse de ma vie et que je n'ai plus à rendre des comptes. Non que j'ai quelque chose à cacher, mais je refuse de toujours demander des autorisations qui me ramènent à l'enfance. Je m'aperçois que cette attitude pose moins de problèmes qu'autrefois. Mon mari est peut-être moins machiste que je ne le croyais et sans doute préfère-t-il me voir de bonne humeur parce que je travaille qu'insupportable parce que je reste à la maison. Le projet de travailler est devenu une réalité et nous sommes gagnants tous les deux. Je commence à comprendre que former un couple n'est pas incompatible avec la notion d'identité et d'autonomie de chacun. »

La technique du « fait accompli » n'est peut-être pas la technique idéale, mais elle est parfois la seule possible pour créer le choc indispensable au changement.

Un nouveau projet est toujours un risque, mais il faut veiller à ne pas le surestimer. Cette majoration du risque peut relever, une fois encore, de l'alibi. Combien de femmes se persuadent que si elles décident de travailler, de reprendre des études ou d'accepter la responsabilité d'un club de quartier, « il » ne le supportera pas, alors qu'elles n'ont jamais essayé. Les femmes craignent trop que l'autonomie indispensable à un projet ne les mette en situation de danger ou leur fasse courir le risque de perdre ceux qui les désiraient autrement. Elles se piègent dans une sorte de cercle infernal qu'elles doivent briser : « Je ne change pas et je suis ennuyeuse... Je change et je trahis. »

« J'étais follement amoureuse de René, raconte Claire. Je ne bougeais pas de chez moi dans l'attente de son coup de fil, je me desséchais sur place et j'attendais pour rien. C'est le jour où j'ai décidé de changer d'attitude, de me remettre en mouvement, où j'ai construit mes projets sans plus attendre les siens qu'il est venu vers moi. »

Il est temps de prendre conscience que le cercle infernal est construit par nous et non par les hommes, d'accepter aussi que s'occuper de soi n'est pas un péché, mais la responsabilité de tout être humain vis-à-vis de soi et vis-à-vis des autres.

J'ai interrogé la mère supérieure d'un couvent où vivent trois cents religieuses réparties sur plusieurs communautés. Je lui ai demandé ce que, pour elle et pour les religieuses dont elle a la responsabilité, pouvait signifier « réussir sa vie ». Elle m'a répondu : « Être une religieuse c'est s'assumer.

« J'en ai assez de ces bonnes sœurs qui se rabougrissent sur elles-mêmes, qui, au nom de leur foi, se déshumanisent — ce qui est le comble du contresens. Elles n'ont plus aucun projet. J'essaie de les aider à être des femmes, à voir ce qui se passe en elles. On ne peut avancer si on ne comprend rien à ce qui se passe en soi, c'est la première condition pour réussir sa vie, quand on a décidé que réussir sa vie serait servir les autres. Elles perdent de vue le projet pourtant exceptionnel qui les a conduites au couvent et deviennent un poids pour tous. »

Sortir du présent pour aborder l'idée de futur nécessite un réel effort. Qu'il soit chaleureux ou hostile, doux ou difficile à vivre, on « habite » le présent, on l'a aménagé, il est familier, connu et, pour peu qu'il soit confortable, on a tendance à y « nidifier ». Au contraire, le futur a ceci d'angoissant qu'il est à la fois inéluctable et indiscernable. Mais puisque, nécessairement, il adviendra, la meilleure façon de l'apprivoiser est de le penser et de lui donner un sens — c'est-à-dire une signification et une direction. « Si nous espérons ne pas seulement vivre dans l'instant, mais en pleine conscience de notre existence dans le temps, alors notre plus grand besoin est de donner un sens à notre vie et c'est l'effort le plus dur à accomplir », dit Bruno Bettelheim dans sa *Psychanalyse des contes de fées.*

Tout projet, quelle que soit son envergure, procède à la fois de l'utopie et de la réalité. L'utopie en est la dynamique, le moteur. Seuls les gens tristes critiquent l'utopie. Utopie signifie « qui n'existe nulle part », ce qui ne veut pas dire que cela ne puisse pas exister quelque part un jour. Le sens des réalités oriente le projet selon ses conditions de possibilité. Ainsi conçu, le projet individuel est l'axe fondateur de la personnalité en même temps que son révélateur.

POUR FAIRE DES PROJETS PERSONNELS

- Fixez-vous un projet précis. Caractérisez-le, positionnez-le dans le temps, analysez le chemin à parcourir et les moyens à mettre en place pour y arriver : vous mesurerez ainsi sa crédibilité.
- Hiérarchisez vos projets et déterminez des priorités (nous sommes habités par une multitude de désirs).
- Construisez vos projets sur vos atouts, c'est le meilleur moyen de les réaliser. Cessez d'avoir peur que les autres vous fassent payer vos changements. Si besoin est, prenez-en le risque, agissez et voyez ensuite. Chacun sait que l'on prouve le mouvement en marchant.

La démarche est difficile. Elle implique qu'on identifie ses forces, ses atouts, ses freins, qu'on se penche longuement sur la connaissance de soi, mais plus encore qu'on détermine vers quoi on veut aller, qu'on choisisse ses priorités, le « quoi faire de sa vie ». Certains préfèrent faire l'économie de la démarche personnelle en recherchant des astrologues ou des gourous, démarche qui mêle la naïveté à la quête d'alibi.

Se voir et être vu est inconfortable, mais c'est un inconfort auquel nous devons consentir pour exister.

3e clé
GÉRER L'IDÉE DE PERFECTION

« Degré le plus haut dans une échelle de valeur », « Réunion de toutes les qualités portées à leur degré le plus haut », « Excellence, grande qualité » : les définitions que donne le Petit Robert du mot « perfection » illustrent la charge symbolique que contient ce mot.

Elle a lourdement pesé sur les femmes, plus que sur les hommes. Au « Tu seras un homme, mon fils » a répondu pendant des générations un « Tu seras parfaite, ma fille ». Une parfaite jeune fille, une parfaite épouse, une mère parfaite. Quant à la perfection de la perfection, c'était la sainteté, du moins telle que la présentaient les manuels d'édification qui se faisaient un devoir d'oublier que les plus grands saints et les plus grandes saintes — de saint Augustin à sainte Thérèse d'Avila — ont certes eu un désir de perfection, mais tel qu'il n'assurait pas vraiment le repos des familles. Même laïcisée, la perfection restait le point de mire, la référence absolue, tout à la fois ce qui est inaccessible et qui doit sous-tendre tous nos efforts.

L'idée de perfection est une idée dangereuse et perverse, singulièrement pour les femmes et singulièrement aujourd'hui où la complexité de l'environnement, la multiplicité des champs d'action rendent l'estimation même de la perfection problématique. Vouloir être parfaite en tout consiste tout simplement à confondre les intentions et les réalisations.

L'élargissement des enjeux de la réussite ne permet plus de faire de la perfection un objectif également assigné à tous les pôles sur lesquels nous devons investir.

Trop de femmes se trompent encore et croient que ce qui compte c'est l'effort fourni et non pas l'effet produit. On a tendance à penser que plus on s'épuise dans une situation et meilleur sera le résultat. N'importe comment, on aura fait « de son mieux », oubliant que le « mieux est souvent l'ennemi du bien ».

Je ne vilipende ni l'effort, que j'appelle si souvent « l'entraînement », ni le travail, ni la qualité qui en résulte, je dénonce seulement les excès, les aspects négatifs qui brisent nos élans.

La question que nous devons nous poser est la suivante : la perfection pourquoi ? et pour qui ?... La perfection n'a de sens que par son adéquation à une demande et si sa recherche dans un domaine n'entraîne pas une grave défaillance dans un autre.

Réaliser un travail « à la perfection » — quelque relative que soit l'expression — mobilise la totalité de l'énergie, conduit à se centrer sur les détails, réduit le champ des possibles. C'est souvent gaspiller son temps, s'enfermer dans des attitudes obsessionnelles, réductrices, c'est se vouer à la frustration.

Combien de femmes qui disent vouloir élargir leur champ d'action se polarisent sur des détails sans importance, réduisant de ce fait leur temps disponible.

Pierrette est responsable des achats dans un grand magasin et se plaint beaucoup de la vie impossible qu'elle mène. Elle est obsédée de ménage et répète : « Mon mari me propose d'aller au cinéma le dimanche, alors que je suis absente dans la semaine et que tout est à faire à la maison. Ça me rend folle que l'on puisse imaginer se distraire alors que tout n'est pas parfait chez soi. »

« J'en ai assez de travailler, car je n'ai plus le temps de ranger mes placards, ma femme de ménage bâcle tout, je suis obligée de tout refaire », dit Louise.

Ces deux propos illustrent le désir de perfection et son obsession. Ils illustrent sans doute aussi l'expression d'une culpabilité larvée à avoir « abandonné » la maison. Les femmes doivent absolument apprendre à faire la différence entre ce qui est indispensable, nécessaire, accessoire et superflu. Leurs idées de perfection sont souvent de nature maniaque. Elles grossissent démesurément des détails et gâchent leur vie et celle de ceux qui les entourent. Nous reprochons volontiers aux autres de ne pas partager notre désir de perfection : « Non seulement ils ne me comprennent pas mais ils m'empêchent de faire ce que je dois faire. Avec eux, c'est toujours " ça va bien comme ça "... »

La perfection peut, bien sûr, être moteur de progrès à condition d'être conçue comme un repère. La boussole qui m'indique le nord me laisse le choix d'autres directions possibles. A moi de déterminer mes objectifs prioritaires, et ils ne le seront que si cette recherche de perfection est ressentie comme un « plus » pour moi et pour celui ou celle à qui elle est destinée.

— Mais enfin, Jacqueline, qu'est-ce que vous faites ? Il y a une heure que j'attends ce texte, dis-je à ma secrétaire.

— Je l'ai retapé, madame, car il était mal présenté...

— Pourquoi donc ? Je vous ai dit que c'était un brouillon...

— Madame je ne supporte pas un travail mal fait.

Cet exemple montre une hiérarchie de valeur inadaptée : une lettre mal tapée est inadmissible dans la mesure où elle est l'image de soi vers l'extérieur, mais un brouillon mal tapé est sans importance. La perfection ici n'était pas la qualité de la frappe, mais le respect du délai.

Ce n'est pas l'exigence de perfection qui empoisonne l'existence, c'est l'absence de hiérarchisation dans son application, c'est l'inadéquation par rapport au besoin.

Françoise, excédée, se plaint que sa vie soit dévorée par les corvées ménagères : « Je ne peux pas parler le soir à mes enfants, car je n'ai pas le temps, je dois faire les courses, la cuisine. » Ses enfants ont sans doute davantage besoin d'un dialogue que d'un plat longuement préparé, mais pour Françoise le plat bien préparé paraît essentiel.

La femme qui veut réussir et donner toute sa dimension se doit de faire des impasses. Vous ne pouvez pas tout à la fois travailler dans une entreprise et avoir une maison parfaite. L'élargissement de notre champ implique l'abandon de la perfection tous azimuts.

« Je ne prends plus d'employées de maison, car elles ne font jamais les choses comme je voudrais. Si je ne suis pas là, c'est une catastrophe... Je préfère tout faire toute seule, au moins je sais que c'est bien. »

La femme sait pourtant que son temps n'est pas extensible. Le temps passé pour avoir une maison impeccable est du temps en moins pour échanger, dialoguer, se faire plaisir.

Le désir de perfection est souvent aggravé par une difficulté ou une incapacité à déléguer. Déléguer, c'est laisser faire l'autre, c'est accepter de ne pas être indispensable, lui donner la possibilité de remplacer. C'est souvent très difficile à accepter. Mais il ne s'agit pas seulement d'une pédagogie généreuse et ouverte : la femme nouvelle venue dans le travail se trompe si elle imagine que le seul fait d'être indispensable lui confère son statut. Si vous êtes indispensable dans une fonction, si personne ne peut prendre la relève, vous diminuez vos chances de changement et de progrès. Vous vous enterrez vous-même à l'intérieur d'un rôle unique, donc réducteur.

Le désir de perfection peut être une punition que l'on s'impose, comme si se faire plaisir nous était interdit. Nous prenons en charge, nous réalisons, faisons, agissons, pour nous déculpabiliser. La femme doit cesser, dans notre civilisation judéo-chrétienne, de porter le péché du monde.

« Je suis coupable de m'épanouir dans mon travail

alors que mon mari s'y ennuie. Je suis coupable de rire alors que d'autres pleurent. Je suis coupable d'être bien dans ma peau... » Le sentiment de culpabilité freine l'action : se débattant dans la culpabilité, nombreuses sont les femmes qui croient ne jamais en avoir fait assez.

Je suis en vacances avec trois couples d'amis, dans une agréable maison en Corse. Hommes et femmes travaillent, ils sont et elles sont pour la plupart médecins. Quelle n'est pas ma surprise lorsque je vois les hommes partir au tennis tandis que nous faisons le ménage, prendre l'apéritif pendant que nous faisons la cuisine. Stupéfaite et passablement indignée, j'exprime mon désaccord complet à mes compagnes et j'obtiens la réponse suivante : « Ils ont tellement besoin de se détendre, de se changer les idées, en plus ils font si mal le ménage qu'il faut le refaire. »

Le plus étonnant, c'est que les femmes attendent en plus des remerciements pour leur dévouement, lesquels, bien sûr, ne viennent jamais. Si vous vous comportez comme Cosette, ne vous étonnez pas d'être traitée comme telle. La femme qui s'enferme dans la certitude qu'elle seule « sait faire » peut avoir la certitude qu'elle restera seule à le faire.

Je comprends très bien qu'une femme puisse préférer faire la cuisine que jouer au tennis. Ce que je n'accepte pas, c'est qu'elle l'exprime en termes de devoir et non en termes de plaisir, puis qu'elle en exige de la reconnaissance. Et, si elle ne raffole pas vraiment de la cuisine et qu'elle adore le tennis, qu'un jour sur deux elle achète des surgelés ou, mieux, que son mari, ce jour-là, se mette aux fourneaux. Je suis d'ailleurs certaine que bon nombre d'hommes préfèrent mitonner des petits plats que s'épuiser sur un court écrasé de soleil...

Il n'est évidemment pas question de tout brader et de tout bâcler, mais l'obsession de la perfection fait abandonner des opportunités qui pourraient être prometteuses.

Véronique, ingénieur informaticien, me répète : « Les hommes qui sont avec moi piquent tous les chantiers intéressants parce qu'ils font des impasses sur le travail qu'ils ont à réaliser... Moi, je ne supporte pas que ce ne soit pas parfait et j'arrive toujours après la bataille, car les hommes ne sont pas sérieux. »

Chère Véronique, ne confondez pas n'être pas sérieux et être obsessionnelle. Ne vous étonnez donc pas d'arriver toujours après la bataille. Ou bien vous adoptez les stratégies des autres, ou vous préférez satisfaire votre besoin de perfection, mais ne vous plaignez pas... C'est à vous de choisir.

Bernadette est artisan, elle refait des fauteuils anciens. Elle a du métier, est très minutieuse. Elle est très connue et a beaucoup de clients en attente. Elle se plaignait à moi l'autre jour d'être complètement fauchée, parce qu'elle ne gagnait pas d'argent sur son travail.

— J'ai du mal à croire que vous ne gagnez pas d'argent avec la liste de clients qui attendent et le prix que vous faites payer.

— Oui, me répondit-elle, c'est affreux, mais j'ai tellement le goût de la perfection que je passe dix fois le temps que je facture.

Vous êtes convaincue que cette perfection est indispensable à votre travail et vous la facturez à vos clients, ou vous savez qu'elle n'est que votre propre plaisir... et vous vous la facturez à vous !

Le « toujours plus » technique que vous donnez ou le « toujours plus » d'efforts que vous fournissez, c'est bien, si c'est un cadeau pour vous. Mais il est idiot de se faire des cadeaux sans plaisir pour soi ou pour les autres, surtout s'ils vous ruinent.

Nous avons trop tendance à appliquer nos critères de perfection sans tenir compte de l'attente d'autrui. En informatique par exemple, combien de chefs de projet, obsédés du détail, oublient l'économie générale du projet, qui est justement prioritaire pour leurs partenaires.

La perversité du concept de perfection atteint son apogée lorsque nous le projetons sur les autres sans tenir compte de leurs attentes. Quand on ne se contente pas seulement de le vivre, mais qu'on en fait autoritairement la règle de vie pour ceux qui nous entourent. Combien de femmes et de mères décuplent leurs exigences quand il s'agit de leur mari ou de leurs enfants.

Odette n'a qu'un fils, elle est divorcée et est assistante sociale dans une entreprise. Elle rêve que Marc, son fils, soit le premier partout. Marc est relativement bien rentré dans le moule jusqu'à l'âge de douze ans. Aujourd'hui il ne supporte plus les exigences de sa mère, il l'agresse, est en conflit permanent avec elle et régresse à l'école. Il n'en peut plus des : « Va te laver les dents ; coupe-toi les ongles ; fais ta raie droite ; apprends ta leçon ; viens faire une dictée. Ne me parle pas de ton 18 en maths, tu as eu zéro en français... »

L'obsession de la perfection sur soi est nocive, mais, sur l'autre, elle devient dramatique, car elle l'enferme dans un projet qu'il ne reconnaît pas et dans un carcan qui l'étouffe. Elle est d'autant plus mutilante qu'elle est impossible à atteindre, qu'elle ne rentre ni dans ses atouts, ni dans ses priorités et les choix qui le motiveraient. Combien de parents projettent sur leurs enfants des fantasmes de perfection, alors qu'eux-mêmes en sont fort loin. Cette « perfectionnite », souvent au tracé et aux couleurs d'imagerie d'Épinal, est lourde à porter.

Avoir pour soi une idée absolue, une échelle de valeurs très élevée est une exigence hautement estimable. Mais il faut en évaluer lucidement le prix, en faire un choix volontaire, conscient, réfléchi et ne pas simplement s'aliéner à des modèles, en grande partie mythiques d'ailleurs, venus de temps passés et dépassés.

POUR MIEUX GÉRER L'IDÉE DE PERFECTION

Hiérarchisez vos priorités

L'élargissement du champ d'action rend impossible l'effort de perfection tous azimuts.

- Quelles sont vos priorités ?
- Ou le concept de perfection est-il le plus utile ? et pour quel bénéfice personnel ou collectif, matériel ou moral ?
- A propos de chaque action, demandez-vous si le temps que vous prendrez à l'accomplir à la perfection doit être indispensablement dépensé.
- De quelles autres opportunités vous coupe le fait de rendre un travail parfait ? et avec quelles conséquences ?
- Quelles sont les priorités de ceux pour qui vous accomplissez ce travail ? et que représente pour eux la perfection ?

Faites des impasses — Apprenez à déléguer

- Quelles sont les impasses que vous accepteriez de faire ? et quelles sont celles que vous refuseriez ? Pourquoi ?
- Quelles sont les conséquences de l'impasse ?
- Quel bénéfice pouvez-vous en tirer ? et sur quoi comptez-vous le réinvestir ?
- A qui pouvez-vous déléguer ? et jusqu'à quel point ? Quels critères déterminent vos choix de délégation ? la compétence de la personne ou votre conviction qu'elle ne vous menace en rien ?

Décoder les incohérences

S'étonner qu'un effort de perfection ne donne pas les fruits escomptés et se rappeler que, s'il n'y a pas de relation entre l'effort fourni et l'effet produit, cela signifie qu'il existe dans votre gestion de la perfection des incohérences.

- Rappelez-vous que la perfection n'est utile que si elle est reconnue comme telle.
- Retirez des satisfactions personnelles d'un travail parfait, sinon vous êtes en pleine incohérence.
- Ne confondez pas désir de perfection et sentiment de culpabilité.

Ne pas faire payer à l'autre votre désir de perfection

La perfection est votre problème et votre priorité. Vous avez décidé de concentrer toute votre énergie dans un domaine précis. C'est votre choix. N'attendez pas de l'autre qu'il vous remercie indéfiniment de votre don ou de votre effort.

Ne projetez pas sur les autres votre propre désir de perfection

Votre échelle de valeurs vous est propre, vos priorités sont choisies et non subies, laissez à l'autre la possibilité de déterminer les siennes.

4e clé

SAVOIR UTILISER L'ÉCHEC

La peur de l'échec est également un lourd handicap au désir d'entreprendre. Nous avons en outre une fâcheuse tendance à lier l'échec à la faute, alors que ces deux notions n'entretiennent pas nécessairement des rapports de cause à effet. Tout échec n'est pas la conséquence d'une faute. L'idée de faute suppose que le résultat d'une action dépend totalement et uniquement du sujet qui l'a engagée. Ce n'est pas le cas de l'échec : le sportif qui tente de battre un record et qui échoue ne saurait être considéré comme « fautif ».

Pourtant notre éducation a associé l'échec à la faute, à la punition. « Elle n'a pas été reçue, parce qu'elle n'a pas assez travaillé. » « Elle a été licenciée, parce qu'elle n'était pas compétente. » Ce peut être le cas, mais il peut y avoir mille autres raisons où l'échec n'est pas dû à la responsabilité de celui ou celle qui le subit. Dans cette optique, l'échec devient la juste punition d'un effort mal accompli. Échouer, c'est mal, c'est être coupable, et la société sanctionne ceux qui échouent. Il n'y a pas si longtemps, un chef d'entreprise qui déposait son bilan était mis au banc de la société, une femme qui divorçait n'était plus reçue chez ses amis.

Échouer dans la gestion d'une entreprise comme dans celle d'une vie de couple était implicitement imputé à d'obscures raisons, à des carences inavouables.

Les Français sont extrêmement normatifs et culpabilisants par rapport à l'échec. Ils se considèrent comme dévalorisés par l'échec, alors qu'il n'est qu'incident ou accident de parcours et qu'au moins il indique qu'on a entrepris un parcours... Dans un environnement qui est turbulent et instable, plus rien n'est sûr, sinon la certitude que justement, sur un point ou sur un autre, on se trompera. Il faut sortir de ce cercle infernal où l'échec devient faute et péché à payer.

Mais nous ne pouvons ni ne devons sous-estimer les problèmes qu'il pose. Pour celui qui le vit, il est toujours une déception et parfois une souffrance. De plus, il isole des autres. Il est arrêt, blocage, rupture.

Après de considérables efforts sur elle-même, Diane a décidé de travailler. Son mari désapprouvait cette idée mais, considérant à juste titre qu'il s'agissait de sa liberté à elle, il l'a laissée faire. Il est fonctionnaire aux P.T.T. et a une sainte horreur des affaires. Diane possède quelques économies ; elle emprunte non sans difficulté à ses parents la somme complémentaire pour racheter une petite affaire de confection que possédait son oncle. L'entreprise était gérée avec rigueur, mais personne ne s'était préoccupée de l'évolution du marché et de la clientèle. Le réseau des V.R.P. était vieux et sans aucune efficacité, les boutiques dans lesquelles le produit était vendu, démodées.

Diane s'est battue sur tous les fronts, mais l'affaire était déjà trop mal partie. Elle était loin de Paris, n'a pas été très bien conseillée dans ses choix, n'a pas pu changer le réseau de représentants. Le banquier ne faisait guère confiance à cette femme qui n'avait jamais travaillé, le marché était plus difficile, les boutiques ont fermé leur porte sans régler les sommes dues.

« J'ai dû prendre la décision de revendre l'affaire, raconte-t-elle. J'ai perdu tout ce que j'y avais mis, et c'était beaucoup plus que de l'argent. J'en ai pleuré de déception et de colère. J'ai surtout dû essuyer les sarcasmes de toute ma famille, de nos amis. Je n'ai pas supporté leur regard empli de fausse commisération et de vraie jubilation : " Elle a échoué, cette imbécile, c'est bien fait pour elle. Pour qui se prenait-elle ? " Je ne voulais plus voir personne, jusqu'au jour où j'ai compris que c'était leur donner raison que de vivre ainsi recluse, dans le malheur, comme une coupable. Je me suis juré que je leur démontrerais ce que je pouvais faire. »

Diane a puisé dans cet échec une force exceptionnelle. Elle a profité de sa première expérience, a cherché une affaire à reprendre. Son entourage l'a jugée totalement inconsciente... et elle a réussi. Elle a relevé le défi, utilisé l'échec comme un starter pour démarrer à nouveau. A la phrase traditionnelle : « Est-ce que cela ne t'a pas servi de leçon ? », elle aurait pu répondre : « Si, pour recommencer. »

Dans ce genre d'échec, le regard de l'autre, l'isolement que l'on s'impose sont difficiles à supporter et ne font que creuser le sentiment d'amertume. Le seul moyen de s'en sortir est de se reprendre, de se remettre en route, de ne pas abandonner au premier incident de parcours, mais aussi d'analyser les causes de l'échec.

L'analyse de l'échec permet d'en comprendre les raisons profondes, les éléments à changer, les axes à travailler. Celui qui abandonne après un échec ne réussira jamais, car il n'est pas habité par le désir de gagner, mais par l'orgueil et la peur.

Vivre l'échec est une école de la personnalité douloureuse, mais efficace. L'échec n'est pas neutre, il laisse des traces, il ravive des situations parfois très anciennes que nous croyions définitivement oubliées. Il inhibe et immobilise.

Je bavarde avec Emmanuelle... Elle a quarante ans, deux enfants dont une fille qui est encore très jeune. Nous sommes au soleil, dans la douceur de l'été. Emmanuelle ne travaille plus depuis dix ans : elle était secrétaire de direction mais a abandonné son métier lorsque son mari a dû s'installer à l'étranger. « Fais-tu toujours du tennis ? » lui dis-je. « Non », répond-elle... « Mais pourquoi ? Tu aimais tellement cela... — Tu sais, je n'ai pas de persévérance... » Elle m'explique surtout qu'elle ne supporte pas l'idée d'être mauvaise, que les autres la regardent perdre, qu'elle aurait besoin de gagner et qu'elle n'a aucune chance puisqu'elle ne s'entraîne pas. Elle a parfaitement conscience de fuir tous les lieux de la compétition et de se retrouver sans projet.

« J'ai été tellement marquée par mes échecs scolaires étant enfant, reprend-elle, et par les crises que cela déclenchait chez moi. Marquée aussi par l'air supérieur de ma sœur aînée qui me considérait comme une gourde. C'est bien après que j'ai réalisé ma hantise de l'échec et que j'ai pris systématiquement la fuite. »

Emmanuelle fait une analyse très pertinente de sa situation, mais elle n'est plus aujourd'hui prête à changer, ni même à essayer. Elle s'est bloquée dans cette hantise de l'échec. La peur de l'échec est un mélange complexe d'orgueil et d'inhibition. Entreprendre, c'est obligatoirement prendre des risques, le premier de tous étant celui d'échouer.

Emmanuelle, si vous cessiez de prendre la fuite, vous pourriez savourer le goût de la réussite, prendre conscience de vos forces, de vos atouts, de votre rayonnement. Il est encore grand temps de le faire. Vous vous rendrez alors compte que l'échec n'est pas un drame, que ce n'est qu'un incident de l'existence, dont il vous appartient de faire une étape — voire un moteur. Non seulement la femme est confrontée à ses propres échecs, mais aussi à ceux de son entourage, de ses enfants, de son mari à qui elle s'identifie.

Nous, femmes, servons souvent de caisse de résonance à l'échec de ceux qui nous entourent. Les raisons n'en sont pas toujours l'affection que nous leur portons. Bien souvent, plus ou moins consciemment, nous leur avons assigné le devoir d'être ce que nous n'avons pas été, et leur échec nous atteint comme une trahison personnelle.

Claude tient avec son mari une grande poissonnerie, moitié gros, moitié détail. L'affaire se développe, mais elle supporte mal d'être « la poissonnière ». Elle a deux fils et tient absolument à ce qu'ils fassent des études. Or Marc, l'aîné, est collé au bac. Claude n'arrête pas de pleurer, elle traîne ses yeux rougis dans son magasin. Cet échec la perturbe beaucoup plus que son fils qui lui se balade en pleine forme, dans les rues de la ville. Elle pleure, elle gronde, elle essaie de punir, mais il s'en moque visiblement...

Allons, Claude, cessez de dramatiser l'échec de votre fils. Face à votre démesure, il n'a que la fuite, la rigolade et la mobylette comme solution. Ne faites pas d'un accident une affaire d'État. Ce n'est pas vous qui passez le bac, c'est lui. Rendez-le plus responsable et plus autonome et il décidera peut-être de se mettre au travail. Son échec deviendra alors le seul coup de fouet positif. Mais, si vous lui infligez une telle tragédie pour cet échec, il est peu probable qu'il consente à repasser l'examen — une fois lui aura suffi ! Et, surtout, comprenez que, si votre réaction est si violente, c'est parce que c'est vous et votre image qui sont en jeu.

L'échec est formateur. Il permet de tremper les personnalités comme on trempe l'acier pour le durcir. Face à l'échec, il y a ceux qui fuient et ceux qui l'utilisent. Pour pouvoir utiliser l'échec comme moteur, il faut être capable d'analyser les causes, de comprendre ce qui s'est passé.

Femmes, ne jouez pas des rôles par personnes interposées. Ce n'est pas aider l'autre que de vivre à sa place. Il n'a aucune envie d'être une doublure, le modèle de ce que vous n'avez pas été et auriez aimé être.

Il risque de manquer d'oxygène, d'être étouffé.

Nous devons, face à l'échec, arrêter d'abandonner notre mode de pensée linéaire — une cause, un effet — et adopter une pensée cyclique.

Le binôme échec-faute est trop angoissant. Il faut apprendre à le casser, à détacher l'un de l'autre. L'échec est suffisamment pénible en soi pour ne pas l'alourdir davantage. Pour augmenter nos chances de réussite, nous devons exploiter au maximum notre jeu, nos atouts.

L'alternance des échecs et des succès est le lot quotidien de ceux qui entreprennent, donc de ceux qui réussissent. Ceux qui n'en ont pas connu sont à plaindre : il est probable qu'ils n'ont jamais rien tenté.

POUR SAVOIR UTILISER L'ÉCHEC

- Cessez de dramatiser vos échecs, prenez conscience que toutes les grandes réussites sont accompagnées d'échecs, mais analysez-les.
- Connaissez vos zones de fragilités psychologiques et, si un échec survient, relativisez votre réaction.
- En cas d'échec — de vous ou d'un des vôtres — anticipez sur les remarques qu'on ne manquera pas de vous faire. Dites la première : « Je me suis plantée en beauté sur cette négociation » ou « Cela me flanque un vrai cafard que Jean-Pierre se soit fait coller à son concours ». Surtout, ne cherchez pas d'excuses, au contraire. Dans la plupart des cas, ce sont les autres qui les trouveront.

5e clé
FUIR LES RÉGIMES DE TERREUR

Un régime de terreur ne peut pas durer sans la complicité de l'esclave. Un régime de terreur est une relation de pouvoir exclusive et unidirectionnelle entre un dominant et un dominé. Le pouvoir s'exprime dans un rapport de force — et non dans la négociation — au nom de règles et de lois, d'impératifs édictés par le dominant, que l'autre doit subir et en aucun cas discuter. L'un sait, l'autre ne sait pas. L'un possède, l'autre est possédé comme un objet. La relation s'inscrit dans un contexte de force où les moyens sont violents, qu'ils soient d'ordre physique ou moral. Quand le monde est régi par la terreur, il n'y a plus que des chevaux et ceux qui les montent.

N'est-il pas abusif, aujourd'hui, de parler de régime de terreur à propos des femmes — singulièrement des femmes françaises ? Oui, bien sûr, et non. Les femmes sont infiniment moins soumises à la pression masculine que jadis. Mais il serait naïf et faux de penser que la parité, l'échange à égalité existent au sein de tous les couples. Jusqu'aux sévices physiques qui sont loin d'avoir totalement disparu. Et qu'on ne pense pas qu'il s'agit là de comportements réservés à un sous-prolétariat ravagé par l'alcoolisme. Sait-on qu'on trouve des femmes battues dans tous les milieux sociaux ?

Une femme vit dans un régime de terreur lorsqu'elle accepte d'être dominée au point de ne plus exister en tant que personne, d'obéir passivement à ce qu'on attend d'elle parce qu'elle n'a pas d'autre choix. Du moins le dit-elle et peut-être le croit-elle.

Cette attitude est ambiguë : la femme qui accepte ce type de relation et ne sait pas résoudre le conflit dominant-dominé finit par y trouver une certaine jouissance en s'enfermant dans un rôle « d'héroïne ». C'est la vieille dialectique du bourreau et de la victime, du maître et de l'esclave : pas d'esclave sans maître, mais pas de maître non plus sans esclave — ce qui remet, d'une certaine manière, le pouvoir dans le camp de ce dernier. L'esclave aliène le maître, parce que c'est lui et lui seul qui lui confère son existence en tant que tel. Le maître n'est pas une essence en soi, il dépend de la complicité de l'esclave.

C'est Liliane, secrétaire, qui accepte d'être rudoyée, rabaissée par son patron. C'est Antoinette, contremaîtresse dans une bonneterie, soumise à un chef d'atelier sadique. C'est Pauline, infirmière à l'hôpital qui accepte le dédain et les sautes d'humeur, les caprices du professeur Durand. Sylvie vous raconte que Jacques la bat, la tyranise, s'oppose systématiquement à tout ce qu'elle souhaite. Micheline vous décrit comment Paul l'a ridiculisée devant toute sa famille. Catherine est bouleversée parce que son mari a été violent avec leur fils. Tous les lundis, Yasmina montrait à mon fils Philibert la trace des coups que lui avait flanqués Mohamed pendant le week-end. Philibert a décidé d'aller trouver les « flics » et Yasmina s'est fortement interposée. Par peur des représailles ? Peut-être, mais aussi parce que cette relation sado-masochiste était son univers, la contrepartie en étant les larmes de compassion qu'elle arrache à son entourage.

Si vous écoutez rarement les femmes vous raconter ce qu'elles subissent, vous êtes révoltée par leurs récits... Si vous les écoutez plus souvent, vous êtes scandalisée par le fait qu'elles ne se révoltent pas, et vous vous demandez quelle peur, quelle panique, quelles représailles les inhibent. Et si vous les écoutez plus longuement encore, vous vous demandez quels bénéfices obscurs elles tirent de ces situations.

Ce jugement est peut-être injuste, mais il est sûr que

les femmes ont une propension trop large à accepter des régimes de terreur. La violence physique en reste la forme la plus inacceptable mais la relation quotidienne dominant-dominé qui réduit la femme à l'état de servante apeurée ou d'objet ayant un statut à peu près comparable à un robot ménager en est une manifestation plus perverse. Elle subit en silence des situations qu'elle prétend lui être insupportables.

Mathilde est médecin. Son mari, François, est ingénieur, ils vivent à Bordeaux, dans une charmante vieille maison. Elle s'est mariée tardivement, a eu deux enfants à trente-huit et quarante ans. Est-elle éperdument reconnaissante à son mari de lui avoir évité la solitude ? Sans doute, puisqu'elle accepte les ordres, les caprices, les exigences, les crises de mauvaise humeur de François, comme si c'était normal ; elle me raconte qu'elle souffre de le voir violent et tyrannique avec leur fils aîné, mais elle ne s'interpose jamais, elle baisse les yeux, laisse couler ses larmes et continue comme si elle était soumise au silence. Elle est si ostensiblement « victime » qu'on ne voit pas pourquoi cela changerait.

Alberte est plus compliquée encore. Son mari, Francis, est agrégé de lettres modernes. Ils ont eu trois enfants, chacun à un an d'intervalle. Francis a pris l'habitude d'exiger, de demander, il ridiculise à plaisir Alberte qui, pleine de bonnes intentions, se met en quatre pour lui plaire. Mais elle me dit souvent que la chose qu'elle supporte le moins c'est la manière brutale dont il se conduit avec les enfants. Pourtant, j'ai surpris Alberte racontant à Francis, ulcérée et avec force détails, la dernière bêtise de leur fils Pascal — ce qui valut à l'enfant une raclée démesurée. Alberte, qui en avait pourtant été l'instigatrice, a joué alors les mères offusquées et scandalisées...

Ces attitudes, ces jeux complexes sont bizarres et mal compris des femmes. Pourquoi se replacer du côté du plus fort ? Est-ce une preuve de soumission aux valeurs du seigneur et maître — particulièrement déplaisante dans ce cas puisque c'est un autre, et un enfant, qui en fait les frais ?

Les femmes ont souvent une relation compliquée au pouvoir masculin : elles le désirent et le haïssent au même moment. Nous avons davantage pris l'habitude de contourner ce pouvoir que de le prendre de front. Il est vrai qu'il y faut, quand on s'y décide, un courage et une résolution rares.

Marcelle, infirmière-chef dans un hôpital, a été confrontée très jeune à l'autorité excessive d'un père borné. Elle s'est révoltée et aujourd'hui continue à se bagarrer avec sa propre vie pour se prouver qu'elle existe. Elle s'exprime avec violence et véhémence.

« Chez moi, c'était simple : les garçons dans les arbres et les filles aux fourneaux. J'ai commencé à me révolter lorsque j'avais quatorze ans, car je voulais aller dans les arbres avec mon frère. Mon père n'a pas supporté mes velléités d'indépendance et la vie est devenue infernale. Je me suis taillée à dix-huit ans alors que la majorité était alors à vingt et un ans. C'était dramatique, mais j'ai tenu le coup, je ne pouvais pas accepter de suivre le modèle de ma mère qui, elle, a tout subi en silence pour le prétendu bonheur de tous. A l'époque, s'enfuir comme ça, c'était difficile... Je craignais que mes parents me fassent rechercher par les flics, mais ils n'ont pas osé. J'ai vécu dans une petite chambre à Paris, de nouilles, de bouillon Kub et de sales boulots, mais c'était pour moi un paradis à côté de la violence de mon père et de la lâcheté de ma mère. Grâce à cette décision je m'en suis sortie. J'ai pris conscience qu'une femme, si elle résiste, pouvait être autre chose qu'une esclave au service d'un imbécile. C'est dans la rupture que j'ai trouvé une stimulation.

» Je suis horripilée par les romans qui plongent les femmes dans la léthargie. Les *Sissi impératrice* et autres collections Harlequin sont les littératures les plus nocives que je connaisse, car les femmes se contentent du rêve et ne font plus rien. Les femmes qui m'ont redonné confiance sont des battantes, celles qui bougent. Les Sophia Loren, Brigitte Bardot sont trop éloignées de moi, je préfère des femmes plus proches, dans lesquelles je peux me retrouver. Les femmes ne doivent pas accepter de se laisser enfermer sous la coupe d'un maître borné, qui considère qu'étant homme et gagnant de l'argent il a tous les droits. Le pire, c'est que les femmes qui m'entourent subissent les pouvoirs de l'homme comme si c'était un titre de gloire. Si je parle du plaisir que j'ai à conduire une voiture, il faut entendre leur ton quand elles disent : “ Oh ! moi, mon mari ne supporterait pas que je touche à un volant ! ” Elles en sont quasiment fières, comme si tout ce qu'on leur interdit était une marque d'intérêt ! »

Les rôles traditionnels d'autorité de l'homme et de soumission de la femme restent des valeurs fortes sur lesquelles se sont construits les modes de vie de la société française. Bien des femmes gardent au fond de leur imagination et de leurs rêves l'idée qu'un jour un homme tout-puissant régnera sur elles. On a prolongé cette imagerie dans l'éducation des enfants où le père distant, occupé donnait des ordres, exigeait, grondait, et où la mère soignait, consolait, encourageait.

Ces partages de rôles dans le couple se transforment, mais les traces du passé ne sont pas totalement effacées.

C'était il y a environ dix ans. Mes fils avaient onze et huit ans. Nous étions invités chez les parents de leurs copains. Lui était banquier ; elle, professeur de lettres. Nous habitions dans la même rue, partagions les mêmes responsabilités dans le conseil des parents d'élèves et avions eu les mêmes formes d'engagement dans notre vie universitaire. J'étais ravie de mieux connaître les amis de mes fils.

C'était un week-end de juillet en Ariège. La montagne était belle et douce, leur maison à flanc de montagne agréablement agencée, le repas délicieux. Le dimanche à six heures, ils nous proposent une omelette aux cèpes avant de rentrer. Les enfants s'entendent bien, j'aime cette espèce de bonheur tranquille.

Quand tout à coup l'ambiance se détraque. Je ne sais qui demande aux enfants d'aller chercher des œufs et du lait à la ferme. Les filles refusent, les garçons bougonnent mais, sous les injonctions parentales, ils filent tous les six. Une demi-heure plus tard, ils reviennent, Sophie, qui a huit ans, se met à pleurer dès qu'elle aperçoit son père et se plaint que Laurent, son frère, lui aurait fait peur et l'aurait battue. La mère dit alors à son mari : « Il est impossible, vraiment, corrige-le, j'en ai assez qu'il embête sa sœur. » Le père, beau garçon soucieux de sa virilité, se sent obligé d'attraper une baguette fine et file une correction monstrueuse à Laurent... « Pas si fort, tu es horrible ! » hurle la mère... Ce spectacle de mauvais aloi m'est insupportable, je récupère fils et mari, qui partagent le même malaise, et nous rentrons chez nous sur-le-champ.

Triste fin d'un week-end agréable. Je n'ai pas supporté de rester silencieuse face à la mère qui demande au père de sévir, puis joue les bouleversées alors qu'elle a organisé cette manifestation de violence. Combien de femmes jouent les rôles de martyr dans une violence qu'elles organisent elles-mêmes ou qu'elles subissent ?

Le régime de terreur est abominable, qu'il soit au Chili, dans votre foyer ou à l'usine. Nous, femmes occidentales, qui avons la possibilité de ne pas l'accepter, pourquoi subissons-nous des coutumes primitives et dictatoriales ? Quel plaisir ou quel masochisme pervers éprouvons-nous lorsque nous subissons les violences physiques ou morales de l'autre ? Nous croyons que l'homme est viril s'il est autoritaire, et nous nous prenons pour des héroïnes douloureuses si nous subissons en silence.

Mais le régime de terreur n'est pas l'apanage des hommes. Certaines femmes l'imposent également, plus insidieux mais non moins oppressant.

« J'ai fouillé les poches et les tiroirs de mon mari, j'ai découvert une note d'hôtel à Lyon. C'est un salaud, il m'a menti, il était sûrement avec une autre femme... » Si seulement vous n'aviez pas fouillé dans ses poches, vous auriez respecté ce qu'il était et vous vous seriez évité des affres inutiles. Le régime de terreur que les femmes imposent est souvent basé sur l'« espionnite », un détestable travers féminin.

Ce comportement s'installe sournoisement dans les relations professionnelles, affectives ou familiales et génère un climat d'incompréhension, de mensonge, de défiance, voire de délation. Dans votre vie professionnelle, si ces attitudes existent, prenez du champ pour ne plus accepter la tyrannie de l'autre ou changez de travail.

Si vous êtes inscrite dans une relation de pouvoir qui relève de l'oppression, si vous avez accepté une autorité contraignante et sans échange, si vous subissez au lieu d'exister, si vous dites oui alors que vous pensez non, ne croyez pas que c'est définitif, que vous êtes perdue à tout jamais, que vous n'êtes qu'une pauvre fille sans personnalité et qu'il ne vous reste qu'à continuer de subir.

Sachez que la relation de pouvoir entre les êtres est le phénomène le plus courant du monde, que chaque femme a accepté, subi une dépendance où elle était réduite à l'état d'objet et que chacune y a trouvé une satisfaction et une douleur. S'il faut avoir joué ce rôle pour savoir qu'il existe, cela ne signifie pas qu'il faille s'y complaire.

Si, par contre, vous-même avez instauré autour de vous ce type de régime, ne restez pas enfermée dans la culpabilité, mais cherchez à construire un autre mode de relation qui ne vous transforme pas en espion mais qui permette à l'autre de s'exprimer sans être sanctionné — fût-ce par votre air perpétuellement douloureux. S'approprier l'autre par la pression et la manipulation, c'est le perdre à tout jamais.

Nous devons substituer la communication au rapport de pouvoir. Quand il n'est pas purement et simplement un indice de pathologie caractérielle, l'abus de pouvoir est le revers d'une fragilité et d'une défiance à l'égard de ses propres possibilités, le signe qu'on se sent incapable d'affronter les situations.

Le pouvoir et la puissance sont des moyens de défense, de protection, de possession, d'appropriation.

La volonté de puissance, le besoin de domination sont une des composantes de la personnalité humaine et, maintenus dans de justes proportions, ils sont des moteurs de réussite, mais ils ne peuvent pas être toute la personnalité.

Ajouter la dimension de communication, c'est abolir les régimes de terreur pour accepter le fait que l'autre existe en tant que personne, communiquer avec lui.

QUATRE QUESTIONS POUR APPRENDRE A FUIR LES RÉGIMES DE TERREUR

- Est-ce que je vis dans un ou plusieurs régimes de terreur ? et quels sont les protagonistes ?
- Qu'est-ce qui me fait l'accepter ? et quels sont les risques réels encourus, si je le dénonce ?
- En suis-je moi-même complice et de quelle manière ? Quels sont les bénéfices que j'en tire ? Plaisir ? Tranquillité ?
- Suis-je moi-même l'instigatrice d'un régime de terreur pour les autres ? Quelles en sont les raisons ? Mépris ? Vengeance ? Satisfaction d'orgueil ? Compensation ?

6e clé
APPRENDRE A DONNER

La femme se définit théoriquement par le don, par la générosité.

Ce sont, dit-on — et disent les femmes elles-mêmes — des qualités féminines caractéristiques.

Dans ces conditions, pourquoi réapprendre à donner ?

Cette image de grande dispensatrice de bienfaits a provoqué deux types de réactions chez les femmes : le refus de donner quoi que ce soit de peur de se « faire avoir » et la surenchère sacrificielle. L'aptitude au don qui était offrande devient alors sécheresse ou débordement.

Au mot « don » sont associées des connotations de dévouement, d'abnégation qui le colorent de notions morales, valorisées ou dévalorisées selon les cas et qui feront dire « C'est une sainte » ou « C'est la reine des gourdes » !

Cette surcharge contradictoire de valeurs brouille le sens de la notion, qui reste embarrassante. Au temps où la philosophie étudiée en terminale comportait une partie de « morale », un sujet de dissertation classique était : « L'altruisme est-il un égoïsme ? » En d'autres termes, le don est-il un « troc » ? Je me dévoue et j'espère en contrepartie de la reconnaissance. J'attends du don des bénéfices secondaires. Je donne pour m'approprier l'autre.

C'est une attitude fréquente chez les femmes en entreprise qui la considèrent comme leur famille : elles s'y comportent comme une maîtresse de maison qui donne les autorisations, qui distribue réprimandes ou compliments. Elles s'y dévouent et attendent en échange une forte reconnaissance.

Gisèle Durant est secrétaire générale d'un syndicat professionnel au sein duquel elle se dépense sans compter. Elle en connaît parfaitement les adhérents et s'est entourée d'une équipe plus dévouée que compétente qu'elle domine sans peine, ce qui assure la pérennité de son pouvoir. L'équipe vit dans un climat affectif pesant et infantilisant fondé sur les demandes d'autorisation constantes et les remerciements obligés. Elle croit tenir ses équipiers en leur donnant ce qu'ils ne demandent pas plutôt qu'en leur accordant ce qu'ils demandent — manière subreptice de faire entendre qu'elle détient les critères du bien et du mal.

Le contresens sur le don est grave, car il amène à croire que je suis seul juge de sa valeur, que j'en décide les règles, les critères, alors qu'il n'a de sens et de réalité que par rapport à l'autre. L'important n'est pas ce qu'il me coûte, mais ce qu'il apporte à celui à qui il est destiné.

Un don qui n'est pas reconnu comme tel par celui qui le reçoit est un don de trop. Rien n'est plus dangereux et pervers que les équations du genre : « Plus ce que je donne me coûte et plus c'est important pour l'autre. »

Madeleine est une vieille amie. Nos parcours ont été différents, nous étions ensemble en faculté. Elle a eu pas mal de difficultés, son mari est mort d'un cancer du poumon a trente-six ans, et elle a élevé seule ses deux fils. Professeur d'anglais dans un C.E.S., elle s'est dévouée pour ses enfants, a cherché à leur donner tout ce que d'autres pouvaient avoir. L'autre jour, elle arrive chez moi en pleurs et me raconte, désespérée et scandalisée ce que Jérôme, son fils, lui a dit en claquant la porte. Ils se disputaient, car lui voulait faire une école de publicité à Paris et elle voulait qu'il rentre à la fac de Toulouse.

« J'en ai marre, lui avait-il lancé, je ne peux plus te supporter, je veux partir. Je suis saturé de tes airs de mère martyre, de bonne femme qui se sacrifie « en silence » pour nous. Tu parles d'un silence ! On ne voit que cela ! Tu m'as envoyé aux États-Unis, j'aurais préféré que tu partes en vacances au Club Méditerranée, tu aurais peut-être trouvé un jules, ça t'aurait fait du bien ! Les questions incessantes, les cours de judo, de musique, les abonnements aux spectacles, marre ! Quand tu me demandes de quoi j'ai envie et que je te le dis, comme par hasard tu trouves cela débile ou « pas vraiment bon pour moi ». Si je te dis que j'ai vu un sweater noir super à cinquante francs en solde, tu reviens avec un vert pomme qui a coûté cinq fois plus sous prétexte que « c'est plus gai à mon âge » et tu t'étonnes que je n'ai pas l'air ravi ? Arrête de donner sans cesse, la seule chose que tu ne donnes pas, c'est un peu de liberté, alors je la prends et lâche-moi les baskets. »

Madeleine était bouleversée, remise en cause au fond d'elle-même. Elle sanglotait et ne comprenait pas cette colère. J'ai eu du mal à lui expliquer qu'il était sain que Jérôme se prenne en charge, que la forme de son propos était agressive parce qu'il ne pouvait ou ne savait trouver un autre chemin... Je me rappelais aussi combien de fois elle m'avait agacée et fatiguée en me faisant vaguement la leçon, quand elle trouvait que je ne m'occupais pas assez de mes enfants.

Le don sacrificiel de soi est extrêmement pernicieux, car il met l'autre en situation de dépendance sans nécessairement lui donner vraiment de plaisir. Peu de femmes s'aperçoivent que les dons de cette sorte sont des cadeaux empoisonnés. Ils sont souvent un moyen de se sécuriser, de se déculpabiliser, de se donner une image de victime, de s'auréoler du prestige du dévouement.

Ce piège du don est de plus en plus mal supporté par les jeunes d'aujourd'hui qui ont sans doute plus de maturité et de réalisme qu'autrefois.

Le don n'a de sens que s'il entre en résonance avec

le désir d'autrui. Sinon, il est encombrant. Le débordement mal canalisé est aussi pénible que la radinerie du cœur. Rien n'est plus difficile à accepter que le fait que le désir d'autrui soit différent du sien. Tout le monde ironise sur la fameuse histoire du père qui achète à son fils le train électrique dont lui crève d'envie, mais combien de fois ne faisons-nous pas à peu près la même chose, en conférant à l'autre un besoin, une envie que nous-même projetons...

Pour progresser dans l'apprentissage du don, il est nécessaire d'être conscient de ses propres motivations. Ce qui perturbe le don, c'est la croyance au couple sacrifice-reconnaissance. Trop souvent le don est perçu comme une sorte d'assurance prise sur l'avenir, une garantie qu'on achète, de fidélité affective, de gratitude éternelle. D'où la sempiternelle phrase des femmes à l'égard du mari ou des enfants « ingrats » : « Après tout ce que j'ai fait pour lui, pour eux... » L'ont-elles vraiment fait uniquement « pour eux » ? Bien sûr, toutes les femmes ont eu, à un moment ou à un autre, un légitime coup de colère devant l'inconscience avec laquelle tel don a été accueilli. Et il est bon, de temps en temps, de remettre les pendules à l'heure, de montrer que tout ne va pas de soi. Il y a une multitude de petites phrases pernicieuses, dont on nous a — à tort — appris qu'elles étaient obligatoires, du genre « Mais non, mais non, ce n'est rien du tout », à l'occasion de remerciements, ou « Cela ne me dérange pas du tout » si on vous demande un service. Si, c'est « quelque chose » quand vous vous débrouillez pour offrir à votre fils aîné le voyage qu'il rêve de faire avec ses deux meilleurs copains. Si, cela vous dérange quand vous acceptez de garder tous les mardis soir la fille d'une amie. Pourtant vous le faites et même avec plaisir, non par masochisme, mais parce que cela fait partie de la qualité des relations humaines. Faut-il, sous une forme ou sous une autre, exiger la réciprocité ? Tout est affaire de personnalité, mais on ne peut, simultanément, se targuer d'abnégation et faire du don un instrument de troc ou d'appropriation d'autrui.

En milieu professionnel, l'apprentissage du don s'apparente à cette notion de service qui se perd si profondément dans la société occidentale et qui pourrait transformer toute relation de travail. Ce monde industriel et hostile nous fait croire que compétition est synonyme d'agressivité, de repliement sur soi. Il passe aussi par le don. En ce domaine, le don est parfois peu de chose : un sourire, un mot aimable, une marque d'intérêt ou de courtoisie. Ils se font pourtant de plus en plus rares.

La femme dans l'univers du travail a dû parfois conquérir de haute lutte sa place, son statut ou son salaire et se conduit souvent comme si elle était devenue un véritable camp retranché. Quiconque l'approche devient un ennemi potentiel ; sans cesse en méfiance et sur la défensive, elle devient inabordable pour quiconque, quand elle ne projette pas sur le client toutes ses aigreurs, difficultés ou frustrations qu'elle compense parfois de la façon la plus dérisoire qui soit.

Un jour, j'aperçois un chemisier en soie à la vitrine de Saint-Laurent, je rentre, l'essaie, demande le prix et pousse un soupir en disant : « C'est beaucoup trop cher. » J'obtiens de la vendeuse cette admirable réponse, ponctuée d'un haussement de sourcils où la réprobation le dispute au mépris : « Mais enfin, madame, vous êtes ici chez Saint-Laurent. » Puis elle tourne les talons et me plante-là...

Je me retiens pour ne pas lui demander combien elle s'en achète par an, elle, de chemisiers de Saint-Laurent !

Que vous alliez à la caisse d'un hypermarché ou rentriez dans un magasin de luxe, vous aurez toutes les chances de rencontrer une caissière qui ne vous accorde ni un regard ni un sourire, ou une vendeuse qui vous toise du haut de sa condescendance.

La notion de service, le sens de la disponibilité, du sourire ne sont pas une question d'argent ou de moyens, mais une attitude fondamentale de la personnalité. Perdre le sourire ou le sens de l'accueil, par exemple, est une régression de la société. Les causes en sont multiples, justifiées parfois, mais le résultat est catastrophique. Il n'est même plus question de relation humaine : chacun en est réduit à sa simple fonction, mécanisé, se crée des conditions de travail psychologiquement insupportables et les impose aux autres.

Luc travaille dans une banque depuis plusieurs années, il en a franchi les échelons et a une responsabilité importante au service des prêts, dirigé par une femme.

« Son visage n'a pas d'âge, raconte Luc, avec amertume, mais elle doit avoir un peu plus de cinquante ans, elle connaît tout de la banque et les directeurs successifs lui ont fait une confiance absolue. Elle est indiscutablement très compétente, mais c'est une peau de vache, et je ne peux plus la supporter. Si ça continue, je vais quitter la banque. Jeudi dernier, je tombe en panne sur le périphérique et j'arrive avec trente-cinq minutes de retard, ce qui n'a pas dû m'arriver deux fois en dix ans, et quand je lui raconte l'incident elle me rétorque d'un ton impavide : “ Un cadre doit montrer l'exemple et ne jamais arriver en retard, c'est à vous de prévoir ; j'espère que cela ne se reproduira plus. ” J'étais bouche bée de fureur. Moi qui pars toujours après l'heure, qui donne mon temps sans compter ! Il y a pire. Le jour où j'ai regagné un client difficile que la banque avait perdu depuis longtemps, je suis arrivé au bureau et lui ai dit : “ J'ai une bonne nouvelle : c'est fait avec M. X. ” Elle me répondit glaciale : “ Vous n'avez fait que ce que vous deviez faire. ” Jamais un sourire, un merci, un regard. Elle est, paraît-il, mariée, je plains le mari !... Je sais qu'elle contrôle tout derrière moi, qu'elle épie mes coups de téléphone, vérifie mes dossiers. Cette femme est une caricature et pourtant dès qu' " elles " sont chefs, " elles " sont toutes pareilles. »

Rassurez-vous, elles ne sont pas toutes pareilles, mais trop de femmes ont effectivement perdu toute chaleur, toute générosité, de peur qu'on y voit une « sensiblerie » qui nuirait à leur autorité.

Toutes celles qui ont eu tendance à se figer dans des rôles de petit chef doivent comprendre que les hommes et les femmes avec lesquels elles travaillent ne peuvent plus accepter ce mode de relation... Plus la société se déshumanise, plus les êtres ont besoin de contact, de chaleur, et ils n'acceptent plus les individus incapables du moindre don.

Mlle Peyrolle a quarante-huit ans, elle est fille d'un colonel, plutôt belle femme, distinguée. Elle dirige une école de management pour cadres, elle l'a construite et aujourd'hui elle la défend comme une tigresse. Toute personne qui s'en approche ne peut avoir que de noirs desseins, toute question est une attaque. Le problème ne se pose plus pour elle de donner, elle est en état de défense, de fermeture complète. Ayant dû se tailler seule une place dans un monde hostile, toutes ces attitudes ont une logique, une explication. Cela n'enlève rien au fait qu'elle soit devenue odieuse. Ses qualités sont gâchées par la peur de donner, de partager et par le sentiment absurde qu'une forte personnalité se mesure à ses raideurs et à ses refus alors qu'elle se jauge, au contraire, à la courtoisie, à l'ouverture, au don.

Les femmes devraient comprendre que dans certains métiers un sourire, un regard et la disponibilité font partie intégrante du professionnalisme. La civilisation de la machine ne peut être humanisée que par le sourire et le service.

Si, dans les entreprises, beaucoup de gens ont perdu le sens de l'accueil, du remerciement ou des félicitations, les femmes ont tendance à faire de la surenchère dans la crispation sur soi. Par une curieuse et désastreuse inversion, elles ont cru devoir nier les qualités dont elles faisaient un usage parfois abusif dans leur vie familiale.

POUR RÉAPPRENDRE À DONNER

- Posez-vous la question de savoir ce que l'autre attend, ce qu'il pense être utile pour lui et concevez votre don en fonction de l'autre et non de vous.
- Sachez que le don est par définition un acte gratuit et n'en attendez pas une reconnaissance en retour.
- Donnez du temps, de la disponibilité, un regard, car l'autre a d'abord besoin d'être reconnu en tant que personne et n'oubliez pas que la qualité l'emporte sur la quantité.
- Soyez lucide, ne surestimez pas votre « capital » de générosité. Sachez de temps en temps dire non, sinon l'aigreur et le ressentiment vous submergeront et inverseront vos dons en récriminations d'autant plus violentes que vous ne les exprimerez pas.

7ᵉ clé
SOIGNER LE COUP DE DÉPRIME

Insomnies, maux de têtes, d'estomac ou de dos, agressivité, nonchalance, fatigue sont des réponses à des situations angoissantes. Plongés dans un environnement hostile, les femmes et les hommes, surtout s'ils sont peu préparés aux difficultés psychologiques, traversent des périodes de crise où la maladie devient un refuge.

La consommation de pilules de toutes sortes — vertes pour se calmer, jaunes pour s'exciter, blanches pour se relaxer, roses pour dormir, pour être heureuse, pour ne pas vieillir — augmente de manière inquiétante.

Le stress est la maladie de notre siècle, il assène des coups qui ébranlent notre organisme. Le train de banlieue tôt le matin, le métro, les embouteillages en voiture, les gosses à conduire à la crèche, les courses faites à une vitesse folle dans l'hypermarché bondé, la mauvaise humeur de l'un ou de l'autre, les difficultés d'argent, l'absence de communication avec l'être aimé, les mauvaises notes à l'école de la fille ou du fils, le repassage qui traîne, la machine à laver qui rend l'âme au pire moment épuisent doucement notre organisme. Nous aimerions entendre « Tu es formidable » et nous entendons « Alors, ce n'est encore pas fait ? ». Nous aimerions recevoir un cadeau pour notre anniversaire, mais tout le monde l'a oublié...

Les choix multiples de la femme compliquent sa vie, et chacune traverse des périodes lourdes, douloureuses, angoissantes. C'est à ces moments-là que se glissent sournoisement l'ennui, l'insomnie ou le mal à l'estomac. Bref, la « déprime ».

La femme confrontée à ces douleurs nouvelles en cherche les causes physiologiques, se bourre de médicaments dont « on » lui a dit qu'ils étaient miraculeux, cherche les coupables qui l'ont mise dans cet état — mais ne se pose pas spontanément la question de sa propre responsabilité.

Face à ces formes diverses de pathologie, elle peut se laisser aller, se complaire dans son mal et afficher un air perpétuellement souffreteux ou refuser de voir le problème.

Le refus de la maladie ou la complaisance à ses propres maux sont aussi nocifs l'un que l'autre et sont le meilleur moyen de gâcher l'existence de son entourage en s'installant durablement dans la « maladie ».

Marthe a quarante ans, c'est une fille sportive, saine, énergique, dotée d'un solide bon sens. Elle équilibre sa vie entre un travail exigeant et une activité sportive. Elle et son mari sont invités. Le mari de Marthe, garagiste à Béziers, est un ancien international de rugby ainsi que Paul, le mari d'Évelyne, avec qui ils vont passer un week-end à Agen, retrouver un vieil ami qui a partagé avec eux les heures de gloire du Stade de Béziers. La journée est agréable, les hommes se racontent pour la centième fois leurs faits d'armes et les femmes papotent enfants, avenir. Vers onze heures, on se couche, mais, à minuit, Marthe est réveillée par Évelyne : « Marthe..., je suis mal... J'ai un point dans le ventre, je suis oppressée, je suis angoissée, c'est horrible... » Cette scène dure plus d'une heure, Marthe cherche de quoi faire de la tisane, tente de rassurer son amie, de la calmer. Une heure plus tard, Évelyne est toujours aussi mal en point. Marthe se décide à appeler Paul qui arrive en traînant les pieds et en bougonnant, jette à peine un coup d'œil à sa femme et répond : « C'est toujours la même histoire, ça lui arrive tout le temps. » Le lendemain, la vie reprend comme si de rien n'était. Marthe tente de discuter avec Évelyne.

— Que fais-tu pour ces malaises ? As-tu vu quelqu'un ? Tu ne peux pas rester comme ça.

— Ce n'est rien, j'ai vu un médecin qui m'a auscultée, lui répond Évelyne, mais j'ai lu récemment un article sur ce sujet, je dois manquer de potassium... !

Marthe la sermonne et tente de la convaincre de prendre la situation en main ; elle discute avec Paul qui lui répond :

— Elle a tout pour être heureuse : de l'argent, des enfants, elle ne travaille pas... Je ne comprends rien. Chaque semaine, c'est autre chose. La vérité, c'est que c'est une emmerdeuse.

Le refus d'envisager l'existence d'un problème psychologique par Évelyne et son mari empêche toute recherche de solution. Ils préfèrent l'un et l'autre s'empoisonner l'existence que d'admettre que les difficultés psychologiques sont une réalité qui a ses propres thérapies. Aussi étonnant que cela puisse paraître, même dans des milieux parfaitement évolués et pour qui, théoriquement, les phénomènes psychosomatiques ne sont pas une étrangeté, ce type de difficultés est encore trop souvent nié.

Pouvoir identifier la cause du malaise résout en partie le mal-être que chacun peut éprouver au cours de sa vie.

Lucile a deux enfants, elle est institutrice et a pris un congé sans solde de dix ans pour élever ses enfants. Elle est au bout du temps qui lui est légalement imparti : il faut qu'elle réintègre l'enseignement ou qu'elle abandonne son poste. Or, depuis cinq ans, elle se sent continûment fatiguée, elle a mal au dos, mal aux jambes, elle souffre d'angines à répétition. Elle est sans arrêt de mauvaise humeur et s'enferme dans sa chambre. Elle se traîne. Elle hésite à reprendre son travail, certaine de ne pas pouvoir y faire face dans son état de fatigue chronique, mais elle se dit qu'elle occupera ce poste un an et arrêtera ensuite — ce qui lui permettra de ne pas perdre les avantages acquis. Elle reprend donc une classe. Au bout de trois mois disparaissent définitivement et le mal au dos et les angines. Elle n'avait jamais voulu accepter l'idée qu'elle était dépressive, qu'elle s'ennuyait et que cela expliquait la plupart des phénomènes psychosomatiques qui l'assaillaient. Aujourd'hui encore, elle reconnaît que ce brusque changement dans son état de santé est bizarre, mais elle refuse d'admettre qu'il puisse y avoir avec sa reprise d'activité une relation de cause à effet.

La maladie de type psychologique est encore refusée, rejetée comme une maladie honteuse, un indice de manque de volonté, de laisser-aller. Le cancer est mieux accepté par la société que l'angoisse et la dépression grave. Tout ce qui relève du psychique reste très largement tabou.

Valérie a quarante ans, sa fille est à l'université à Paris, elle habite Bordeaux où son mari dirige une entreprise pharmaceutique. Il vit une passion avec une fille d'environ trente-cinq ans, et il est prêt à tout quitter pour elle. Valérie, bouleversée, sombre peu à peu dans une sérieuse dépression. Elle a fait des études de lettres, a été en analyse pendant quatre ans et se débat aujourd'hui dans un conflit qu'elle perçoit clairement mais qu'elle refuse d'admettre. Elle pleure, s'angoisse ; elle se sent seule, perdue, sans ressources. Elle me dit : « C'est terrible, je me fais penser à ma mère. Mon père était un cavaleur et elle s'installait à longueur de journée dans le drame, elle se promenait le mouchoir à la main et la scène au bout de la langue. Elle lui faisait les poches. Elle était dans un état physique et moral déplorable et devant ses trois filles réunies lui hurlait " qu'il était un salaud, qu'il la rendait malade, qu'elle se suiciderait à cause de lui, que tout était sa faute, qu'il brisait sa vie à elle — et la nôtre en même temps ". Nous prenions parti pour elle qui était malheureuse et à aucun moment nous n'imaginions que son sort était dans ses mains, qu'elle devait analyser son comportement, que c'était elle qui nous gâchait l'existence. Elle refusait l'idée même de se faire soigner ou aider. Et, moi, je fais pareil. Le pire, c'est que je m'en rends compte, je l'accuse, je veux qu'il change, je tempête, je suis incapable de voir quelqu'un, de faire quelque chose... Je vais en crever. »

Valérie a souffert, elle s'est débattue, mais ses années d'analyse lui ont été utiles. Au fil des jours, elle abandonne la recherche d'un « coupable » et envisage ce qu'elle peut faire pour retrouver son équilibre. Elle décide d'abord de travailler, trouve un poste de vendeuse, reprend des études, se récupère peu à peu. Son angoisse disparaît et, récupérant la forme, elle récupère ses amis qui avaient fui le climat de tragédie où elle s'était installée.

Il est difficile d'admettre que l'on puisse, après un choc ou même sans véritable choc, être légitimement déprimée. L'attitude la plus habituelle est de rechercher les coupables. Cette démarche est pourtant sans issue. Nous avons l'impression que si l'autre quitte l'attitude qui a déclenché notre angoisse, nous retrouverons la paix. Remède souvent illusoire : c'est oublier qu'il est moins difficile de changer soi-même que de faire changer les autres. Et c'est bien souvent faire une erreur totale sur les causes profondes des difficultés. On croit les supprimer, alors qu'on ne supprime que les symptômes, les événements qui n'en sont souvent que les conséquences. Les solutions sont en moi et non dans l'autre. L'autre ne peut être le coupable et le thérapeute à la fois : les deux rôles sont incompatibles.

Nos vies sont faites de creux et de bosses, de moments difficiles, douloureux, et de temps forts et heureux. Une vie n'est jamais lisse, sauf quand elle est morne. Chaque changement profond s'accompagne souvent d'une crise. Le coup de « déprime » sous toutes ses formes est dévalorisé, refusé. C'est pourtant à partir du moment où il est identifié que l'on peut analyser les causes pour s'y attaquer.

Reconnaître les effets

Il est nécessaire d'identifier les effets de la « déprime », avant d'en chercher les causes.

La palette de ces effets est très large et les phénomènes psychologiques peuvent prendre des aspects très variés. La fatigue excessive, l'impression d'avoir le poids du monde sur les épaules, l'impossibilité de se lever le matin, la lassitutde devant toute proposition peuvent être des symptômes du coup de déprime de même que la mauvaise humeur, les accès de colère, ou les larmes intempestives qui traduisent une excessive émotivité. Nous avons toujours tendance à expliquer colère et larmes par celui ou celle qui les déclenche sans nous rendre compte que nous dramatisons volontairement des situations, noircissons des événements et que colère et larmes peuvent être dues à un déséquilibre personnel lié à la traversée d'une crise de maturité, à un changement de rôle, à un nouvel enjeu que l'on se fixe.

Bernard est informaticien. Il dirige une agence régionale qui se développe rapidement. Sa femme est ingénieur dans la même branche que lui mais travaille dans une entreprise différente. Le couple est heureux, dans le coup, ils rêvaient d'avoir un enfant et l'ont.

« Ma femme était très déprimée après son accouchement, me dit Bernard. Chaque fois que j'arrivais à la maison légèrement en retard, je la retrouvais en larmes, dans un état épouvantable. Elle m'imaginait accidenté, mort ou je ne sais quoi d'autre. Impossible de lui faire comprendre qu'elle dramatisait tout, qu'il fallait qu'elle se repose, qu'elle consulte un médecin. Elle me rendait et se rendait la vie impossible. J'en venais à penser avec angoisse au moment où, passant la porte de l'appartement, je me retrouverais plongé dans le drame. Elle me culpabilisait, m'expliquait que je ne la comprenais pas, que je ne faisais attention à rien, jusqu'au jour où je me suis fâché et où je l'ai forcée à voir son médecin ! Cela a été difficile pour moi. Car j'ai dû engager une véritable épreuve de force avec elle, ce qui n'est pas notre habitude. Je me rendais vaguement compte que, si j'acceptais de rester dans son jeu, dans son angoisse, nous allions nous détruire tous les deux. »

Bernard ne s'est pas laissé enfermer dans le cercle dépressif et, grâce à sa réaction, la situation a trouvé son issue.

Anorexie, boulimie, alcoolisme sont des symptômes d'autodestruction. Derrière les excès s'exprime une forme de malaise. Les insomnies, les maladies répétées sont des effets qu'il faut traiter. Les obsessions sur un même sujet ou un même objet expriment aussi une difficulté psychologique.

Confrontés à des faits répétitifs, que ce soit des événements ou des comportements, nous devons toujours nous poser la question du pourquoi et ne pas nous réfugier dans des explications rationalisées, dans des justifications multiples qui sont souvent loin des causes réelles. Si vous avez des insomnies répétées, ce n'est peut-être pas parce que vous ne prenez pas assez d'exercice ou à cause du café noir que vous prenez à dix heures du matin...

S'il est nécessaire d'envisager les explications de type psychologique, il ne faut toutefois pas non plus en faire la raison de tous les maux que nous pouvons ressentir.

Laure subit depuis des mois une sciatique douloureuse et pense que c'est le départ de sa dernière fille qui a déclenché cette douleur. Peut-être, mais, en attendant, plutôt que de souffrir en silence, elle ferait mieux d'aller voir un rhumatologue.

J'ai le souvenir d'une histoire affreuse. Une femme d'une quarantaine d'années, qui était en analyse, souffrait de douleurs stomacales et abdominales. « Parfait, a dit l'analyste. Réactions on ne peut plus positives. Votre corps a compris avant vous que vous “ vomissiez ” votre famille dans votre enfance, vous expulsez votre haine... » L’augmentation des symptômes était, paraît-il, l’indice de l’efficacité de la cure psychanalytique et, après cet ultime combat des forces obscures de l’inconscient, la patiente, qui voulait résoudre quelques troubles mineurs de comportement, les verrait disparaître... Ils ont en effet disparu, de la manière la plus radicale qui soit : elle est morte d’un cancer des intestins qui aurait encore pu être traité à l’époque où les premiers symptômes sont apparus... Envisager des explications psychologiques ne dispense pas de faire les investigations médicales courantes.

La psycho-pathologie maniée à tort et à travers est aussi dangereuse que le refus de prendre en compte les revendications de l’inconscient. On a pu constater les méfaits des accouchements dits naturels, comme ceux du psychologue gourou qui vous enferme dans votre problématique contre de l’argent et vous donne l’alibi du traitement.

Identifier les causes

Un état dépressif peut s’expliquer par un choc émotionnel comme un départ, un accident, une maladie, une rupture, un changement, une surcharge de travail, etc. C’est souvent l’événement qui déclenche cet état de mal-être, mais la cause peut être beaucoup plus profonde et enterrée au fond de soi.

Chacune de nous traverse des périodes de la vie qui nous rendent plus vulnérables aux agressions extérieures. C’est pourquoi nous devons être vigilantes aux signes, pour remonter aux causes.

Certaines sont clairement lisibles dans les difficultés rencontrées : chômage, conflit dans l’entreprise, maladie d’un être cher, forte rupture. Le choc en retour ne se fait sentir qu'après, lorsque la situation est résolue. Comme si toute l'énergie avait été cristallisée pour surmonter le choc : ce dernier surmonté, l'énergie tombe et la dépression s'installe.

L'exemple de Claire, directrice du marketing dans une entreprise de confection, illustre bien le propos.

A trente-huit ans, elle est ancienne élève de H.E.C., a fait un stage de trois ans aux U.S.A., puis a passé cinq ans chez L'Oréal avant d'être directeur dans cette usine de confection. Une carrière bien menée.

Claire est jolie, brune, assez maquillée, froide et sûre d'elle. Elle travaille beaucoup et avec une grande rigueur. Dès son entrée dans l'entreprise, elle s'est heurtée avec le directeur de fabrication : elle pense que les produits sont mal finis et ne correspondent pas à l'image de marque de la maison. Elle le dit et fait scandale. Chacun vivait cloisonné dans son univers et personne ne se permettait de critiquer le travail fait par d'autres.

« Je me suis battue très fort dans l'entreprise, certains voulaient ma peau. Le directeur de fabrication me détestait. Je le dérangeais et le fait que je suis une femme n'a pas arrangé les choses. Je me suis défendue, j'ai lutté pied à pied, j'ai cogné et c'est lui qui est parti. J'étais en pleine forme dans la lutte, c'est après que mes forces sont tombées. J'étais écœurée, fatiguée, épuisée, je perdais le goût à toute chose. »

Dans la lutte, Claire était forte et déterminée. Les effets du stress ne sont ressentis qu'à retardement, une fois le problème résolu, Claire a eu des insomnies, des crises de cafard, elle a décidé de prendre quelques jours de vacances aux États-Unis. Les chocs ravivent notre histoire personnelle, nos peurs, nos fragilités et mettent à fleur de conscience ce qui était profondément enterré.

Nous sommes conduits en partie par notre inconscient, manipulés par lui. Se connaître soi-même, c'est refuser de projeter sur l'autre toutes les raisons de notre mal-être, c'est apprendre à identifier pourquoi nous souffrons, dramatisons, grossissons ou tombons malade. Sans nécessairement rentrer dans un processus psychanalytique, chacun peut arriver à identifier, à travers sa vie et son expérience, ses zones de fragilité.

C'est humain d'être fragile. La force et la fragilité ne sont pas incompatibles. Notre personnalité est complexe, contradictoire, ambiguë et nous devons apprendre à accepter l'ensemble de ce que nous sommes, sans rejeter ce qui nous dérange.

C'est le cas d'Élisabeth. A quarante-cinq ans, c'est une fille rayonnante, elle a de grosses responsabilités dans une entreprise d'électronique, elle est mariée, a trois enfants, des engagements divers, politiques et humanitaires. Elle semble forte comme un roc et chacun se repose sur elle. Elle me dit pourtant : « Je suis plutôt épanouie, battante et j'ai cependant au fond de moi une peur d'être abandonnée qui me rend terriblement possessive. Si je ne fais pas attention, je tisse moi-même mes angoisses. Au cœur du marasme, je ne peux plus m'en sortir, je suis engluée dans mes frayeurs. J'ai appris à mieux comprendre mes mécanismes, cela arrive maintenant moins souvent et cela dure moins longtemps. Je pense que chaque être devrait avoir un minimum d'équipement psychologique pour apprendre à mieux conduire sa vie. » Elle m'explique qu'elle ne souhaite en aucun cas revenir en arrière, être plus jeune, que ces années lui ont progressivement appris à gérer la maturité. Au fil des expériences et des jours, elle a su prendre de la distance par rapport à elle-même, se comprendre pour mieux se diriger. « L'expérience est pour moi l'acquis le plus dur et le plus essentiel, je sais mieux maîtriser mes émotions. »

POUR SOIGNER LE COUP DE DÉPRIME

Une fois repérés les effets et les causes de la déprime, les solutions deviennent plus aisées à trouver. Elles peuvent se résumer ainsi :

- S'accepter comme fragile, comprendre qu'il n'y a pas de changement sans crise et que seule la connaissance de soi peut définitivement permettre de surmonter les moments difficiles.
- Se faire plaisir : octroyez-vous les plaisirs et les satisfactions dont vous avez besoin.
- Éviter de chercher frénétiquement des coupables pour tous ses maux. Rechercher en soi pourquoi un choc extérieur enclenche tel état de dépendance, de souffrance ou de révolte.
- Ne pas hésiter à se faire aider et consulter des personnes compétentes. Sans courir d'un médecin à un autre ou d'un thérapeute à l'autre, choisir celui ou celle qui convient. Combien de fois nous avons pu constater que quelques entretiens suffisaient à débloquer une situation difficile où l'individu s'était laissé enfermer. Autrefois, la confession remplissait cet effet cathartique ; aujourd'hui il ne faut pas craindre de consulter un psychologue pour vous permettre de clarifier la toile d'araignée que vous avez tissée et dans laquelle vous vous êtes emmêlée.
- Si autour de vous, amis, enfants, etc., traversent un moment difficile, ne pas chercher à tout prendre en charge, mais amener l'autre à se faire aider par quelqu'un d'extérieur à son problème. Il existe aujourd'hui des consultants qui peuvent apporter une aide légère et momentanée pour surmonter un choc.

8e clé
SE METTRE EN VALEUR

La Française est escortée par un cortège de stéréotypes qui se sont construits à travers l'histoire et qui sont, selon l'angle d'où on les regarde, des atouts ou des contraintes. La Française jouit à l'étranger d'une image de séductrice. Dans son livre *Regards sur les Françaises,* Michèle Sarde note que, quelles que soient les formes que prennent ces différents stéréotypes, le trait dominant est immuable : petite chatte, femme-enfant, femme fatale, prostituée, maîtresse, séduisante, élégante, expérimentée, sensuelle, amorale, sexy, soumise : derrière cette symbolique de la féminité se profile toujours la femme-objet, la femme « sois belle et tais-toi », la femme dont la vocation est d'abord d'être décorative.

A nous donc de remplir le corps de la poupée pour en faire un sujet, un être qui existe, qui vit, qui bouge pour elle-même et non pour une mise en scène imposée par quelque maître extérieur.

Toutefois, cette imagerie, à la fois flatteuse et réductrice, n'est pas seulement négative. Gardons-en ce qu'elle a de positif, ne rejetons pas notre histoire en bloc : profondément inscrite dans notre mémoire collective, elle est porteuse d'atouts que nous devons utiliser. Réjouissons-nous de l'idée que se fait l'étranger de notre bon goût — même si cette réputation est parfois discutable — et mettons-nous à l'heure des enjeux d'aujourd'hui et de demain.

La différenciation homme-femme s'est modifiée, l'intelligence n'est plus primordiable chez l'un, la beauté chez l'autre. La vie scolaire, la vie étudiante, la vie professionnelle, la vie civique mettent sur les mêmes bancs les hommes et les femmes, les lancent dans les mêmes arènes. Les modes de vie sont les mêmes, les critères de compétition aussi ; on ne demande plus à la femme de s'effacer et à l'homme de briller. Il y a interpénétration des rôles. A la suite de cette évolution, le vêtement perd ses codifications très tranchées. Il y a un mouvement unisexe : les hommes s'habillent, se parfument, s'occupent de leur corps, les femmes portent des jeans, des blousons, des bottes.

On doit d'ailleurs constater que les femmes sont beaucoup plus libres que les hommes pour jouer de leurs tenues : il y a quelques années a fleuri la mode des smokings du soir pour les femmes. Imaginez un homme arrivant à une soirée en robe longue... Il est remarquable de voir les jeunes abandonner un certain nombre de clichés vestimentaires.

Le vêtement est porteur d'un message plus dynamique et moins statique, il exprime un style plus qu'une norme, un confort plus qu'un carcan. On ne « s'habille » plus, mais on s'habille beaucoup plus.

Les contraintes de la mode ont changé. Vous pouvez porter des jupes longues et des jupes courtes, des souliers plats et des talons, remettre un chapeau et des gants sans être la risée des passants. Les couleurs se sont mélangées et les grands couturiers ne dictent plus d'ukases. Vous pouvez le même jour acheter un jogging à Carrefour et un tailleur chez Saint-Laurent. Le vêtement n'est plus conformiste, il exprime davantage des styles de vie que des conventions. Il nous permet d'innover, de changer. Je change de rôle, donc je change de costume.

Grâce au choix des marques, des matières, des couleurs et des styles, un vaste champ de liberté et de création nous est ouvert. Mais nous sommes peu habituées à nous y mouvoir, nous sommes empruntées et maladroites et ne savons pas toujours utiliser le vêtement comme le mode d'expression de nos humeurs ou de notre personnalité.

La liberté dans le vêtement correspond à une réhabilitation du corps. S'occuper de soi n'est plus un péché. En 1960 encore, il était interdit dans les pensions religieuses de montrer son corps en se déshabillant et en se lavant. Le corps bouge, s'entretient, se montre. Le jogging, le vélo, la gymnastique douce, le yoga, les massages sont devenus des activités courantes. Le corps a droit de cité. Des nouvelles revues, des magazines sont consacrés à la beauté, à la santé, à la forme et font fureur.

Dans la foulée, le concept de santé évolue, les individus se responsabilisent. Une enquête récente conduite par la Mutualité française montre une transformation profonde des attitudes par rapport à la santé. Pour les plus de quarante-cinq ans, elle reste souvent encore l'absence de maladie, alors que pour les jeunes elle est synonyme d'être bien dans sa peau.

Le corps et le vêtement participent donc à notre mise en valeur. Mais celle-ci ne peut se réduire à ces deux éléments. Regardez autour de vous, jetez un coup d'œil sur vos amies, et vous verrez que celles qui accrochent votre regard ont une personnalité, ce qu'on appelle du charme, la chose la plus difficile à définir, tant les composantes en sont multiples et variables.

La présence, la voix, l'intelligence, la capacité à s'adapter, le rire, l'écoute, la parole, le mouvement sont des éléments constituants de la personnalité. La personnalité, c'est la capacité de rayonner à l'intérieur d'un champ, dont la surface dépend des individus.

La mise en valeur n'est qu'une combinaison harmonieuse de ces facteurs. C'est une résultante beaucoup plus qu'une addition. Nous connaissons tous des êtres « laids », mais qui ont une personnalité rayonnante.

Une de mes amies est forte, elle ne se surveille pas physiquement, est toujours habillée à la diable et « s'en fout » complètement. Elle ne fait attention qu'à ses chaussures qui sont son seul luxe vestimentaire. Elle a pourtant une séduction et un charme époustouflants. Chacun lui fait la cour, elle détient un pouvoir, une autorité, c'est une tzarine. Sa personnalité n'est faite que d'intelligence, de charme ; sa voix est chaude, prenante, son regard est rapide, son jugement tranchant. Elle a choisi la mise en valeur de son intelligence et de ne pas se préoccuper de son corps.

Cet exemple n'est pas un modèle. Je ne vous conseille certes pas de vous laisser aller physiquement. Mais ne croyez pas non plus que la mise en valeur passe par les seuls critères physiques, et que si l'on n'a pas la chance d'avoir été gratifiée par la nature du poids, de la taille, du nez ou des yeux idéaux, on n'a plus qu'à se terrer dans un coin et renoncer au monde. Le plus difficile, mais le plus « payant », est d'apprendre à jouer avec ses différences, à ne pas être uniforme au milieu d'un lot, d'être reconnaissable par ce que vous êtes, qui est à chaque fois unique et singulier. « L'ennui naquit un jour de l'uniformité. » C'est de l'affirmation de soi que naîtra la séduction, le charme, la présence.

Le vêtement est depuis toujours plus qu'une simple protection. Il est la connection du corps avec la société. C'est un langage. Il fut un temps où ce langage devait obéir aux stricts usages. On sait combien, à la cour de Louis XIV, le nombre des rubans ou leur couleur étaient régis par des règles dont la violation était gravement sanctionnée, parce qu'elles étaient signes de subversion des hiérarchies imposées par le monarque. Ce n'est heureusement plus le cas. Je choisis dans ce que l'on me propose un tissu, une coupe, je m'approprie les choses qui me plaisent et je leur donne ma propre forme. Le vêtement est une affirmation de soi, une représentation. Mais par là même il devient une responsabilité personnelle.

Le vêtement exprime un double message, pour soi et pour autrui.

Pour soi, il apporte confiance et valorisation,

confort et bien-être. Le choix d'une couleur ou d'une forme reflète un style, un mode de vie. Le vêtement, comme une seconde peau, protège, réchauffe, entoure, isole. Pour l'autre, il est un message du rôle que j'ai envie de tenir sobre ou ostentatoire, contemporain ou passéiste, effacé ou provocateur. Il indique à l'autre comment j'aimerais être traitée ou ce que j'aimerais être. Il nous pare, nous déguise, nous dérobe ou nous exhibe selon l'humeur. Mais il n'est jamais muet. Il nous traduit — et parfois nous trahit — tout autant que nos mots et nos phrases. Il est un mode de communication.

Geneviève dirige une entreprise de services. Elle a plus de quarante-cinq ans, elle est élégante et distinguée. Elle a un style un peu conventionnel, mais considère le vêtement comme son meilleur atout dans la difficulté. Elle utilise le vêtement comme une compensation : une paire de chaussures neuves lui donne une nouvelle assurance, une jupe courte la rajeunit, une veste en cuir l'affirme.

« Lorsque je veux être en forme je m'achète un nouveau tailleur, une robe ou un pull. Le vêtement, c'est important parce que cela m'aide à me sentir bien. Si je me sens laide, mal fagotée ou, pire, habillée de façon incongrue pour la situation, je perds une partie de mes moyens.

» Je ne comprends pas que certains puissent dire que cela n'a pas d'importance. J'aime être soignée, élégante, que l'on me trouve bien, non parce que ce que je porte est voyant, mais parce que c'est impeccable et que cela correspond à ce que je suis. »

Valérie a une tout autre conception du vêtement, plus ludique, plus spectaculaire aussi. Elle a trente ans, est mince, grande, avec des cheveux coupés courts, des yeux verts et une assurance masculine. « J'aime changer de vêtement, dit-elle, surprendre, ne pas être celle qu'on attend. Je fais attention à la mode, mais n'en suis pas esclave. Je suis une femme dans le coup et mes habits sont toujours à la pointe de ce qui se fait si j'estime que cela me va. Je n'hésite pas à mettre un manteau en léopard. J'aime faire ce que les autres n'osent pas. J'ai par contre horreur d'une provocation trop sexualisée, bien que le regard des autres sur moi me soit très agréable. »

Pour Chantal, chef du personnel dans une banque, le vêtement doit être en conformité avec son milieu. « Je choisis toujours des tailleurs bon chic-bon genre, j'ai horreur qu'on me remarque. Je paie cher mes vêtements mais j'aime qu'ils me fassent plusieurs années. Le vêtement, c'est une coquille qui me protège du monde extérieur, où personne ne peut deviner qui je suis. »

Il est patent que les implications de ces trois femmes dans le vêtement sont totalement différentes, mais que chacune s'y plonge profondément. Aucune d'elles ne laisse au hasard le message qu'elle veut communiquer à l'extérieur. Elles puisent chacune un plaisir dans l'habillement et y consacre du temps et de l'effort. Ce n'est pas un objet de futilité, mais un mode d'expression.

La voix, la forme, le vêtement, l'allure sont des moyens de valorisation de la personnalité. Se mettre en valeur est un combat quotidien qui obéit à plusieurs conditions.

S'accepter est la première d'entre elles.

Tant de femmes sont petites et voudraient être grandes, sont rondes et voudraient être maigres, sont brunes et voudraient être blondes, ont des seins et voudraient ne pas en avoir, n'en ont pas et en voudraient... « Je me trouve moche, affreuse, j'ai grossi, j'ai trop maigri... » Phrases consternées que nous répétons des dizaines et des dizaines de fois. Qui ne se souvient avec horreur de l'instant où, allant acheter un nouveau maillot de bain, on se découvre avec effroi dans la glace de la cabine d'essayage un bourrelet ici, une chair flasque là, le tout dans la lividité des peaux post-hivernales... Il est vrai que les métiers de mannequin ou de danseuse au Crazy Horse ne sont pas ouverts à toutes. Il est vrai aussi qu'il y a des filles qui sont ravissantes et d'autres laides, mais beauté ou laideur ne sont pas en elles-mêmes les critères de la réussite ou de l'échec.

Nous avons, nous femmes, cette horrible manie de rechercher dans les magazines les images du style que nous aimerions avoir et nous nous étonnons d'être déçues des pâles copies auxquelles nous aboutissons, quand il ne s'agit pas de consternantes caricatures. C'est de ce que nous sommes qu'il nous faut partir, et non d'une image coupée de toute réalité accessible. Il y faut un minimum de lucidité, mais aussi une réelle confiance en soi. Nous n'avons aucune chance de savoir nous mettre en valeur tant que nous ne nous sommes pas acceptées telles que nous sommes. Il n'est pas possible de plaire aux autres si on ne se plaît pas à soi-même. Et il y a des moyens pour cela !

La chirurgie esthétique s'est banalisée et a fait des progrès exceptionnels. Il paraît aberrant de s'empoisonner l'existence avec un nez busqué que vous ne supportez pas, avec une poitrine trop lourde que vous cherchez à masquer en arrondissant votre dos alors que vous avez la possibilité de vous faire opérer, de remodeler des imperfections qui vous gâchent la vie. Le problème n'est pas d'avoir un grand ou un petit nez, mais de se sentir bien avec son nez. Sinon, il faut le changer.

Delphine est jolie, mais elle a des dents horribles qui se chevauchent. Elle n'ose pas sourire, met continuellement sa main devant la bouche — c'est devenu un tic, ce qui, on l'imagine, ne facilite pas la communication. Elle en souffre, mais elle n'imagine même pas qu'un bon dentiste puisse réparer son sourire.

Les années et le soleil abîment la peau. Les ravages du temps sont plus ou moins précoces, mais ils se manifestent de toute façon. Un lifting du visage ou du cou n'est plus une aventure. Remonter des paupières qui dégringolent ou supprimer des cernes sous les yeux qui vous donnent un air de chien battu sont des opérations rapides qui ne nécessitent même pas d'hospitalisation.

La chirurgie esthétique n'est pas réservée aux stars et aux femmes riches, elle est ouverte à toutes celles qui ont décidé de changer, plutôt que de subir « l'irréparable outrage » des ans. Pourquoi garder ces affreux petits points rouges qui maculent certaines peaux ou ces tâches sur les mains et le visage alors qu'il suffit d'aller chez un dermatologue ?

Corriger la nature est encore trop souvent vécu par les femmes comme un acte inavouable, inacceptable même, une sorte d'escroquerie à l'égard d'autrui, une « tromperie sur la marchandise ». Si l'on suivait cette logique de l' « état de nature », pourquoi utiliser une crème, se maquiller ou s'épiler les jambes ? La possibilité de se réparer, de se refaire est une extraordinaire chance offerte aux hommes et aux femmes des années quatre-vingt. Ce n'est plus un luxe, ce n'est plus une ridicule coquetterie, c'est s'octroyer la joie d'être plus conforme à ce que l'on a envie d'être.

Etre en forme, faire un bilan de santé régulièrement est tout aussi impératif pour se mettre en valeur.

Les stress de la vie quotidienne, les soucis, les difficultés nous rongent. Il n'est pas possible de se mettre en valeur si l'on est épuisée ou si on se sent malade. La femme a toujours eu une relation étonnante à la fatigue : elle l'accepte et s'y habitue comme si c'était inhérent à son statut. Ne considérez plus la fatigue comme le lot quotidien de la femme. Toute fatigue appelle un bilan de santé.

La forme psychologique, le tonus, la vitalité passent par la forme physique. Le corps s'entretient mais chaque femme doit trouver le rythme qui lui convient. Ce peut être faire de la gymnastique tous les matins, du sport en salle, des massages, ou passer deux semaines en thalasso-thérapie, ou encore manger sainement, dormir suffisamment, se faire plaisir... Mais attention aux excès délirants et au stakhanovisme de la « forme », qui vous laissent éreintées et sans réaction.

Florence est à la limite de cette obsession.

« Ma clé pour rester en forme, c'est de faire beaucoup de sport. Cela me rend euphorique. Le sport me permet de lutter contre l'angoisse. J'organise mon travail en conséquence. J'en fais deux fois par semaine : l'hiver de l'aérobic, l'été de la natation. J'ai des projets variés pour en faire plus, dépasser les limites que j'ai atteintes. En ski, je veux avoir le chamois. Le footing, je le pratique de façon plus systématique. Je me fixe des objectifs, c'est une des raisons pour aller plus loin. »

On peut se demander si Florence ne dissimule pas sous cet appétit d'exploits des angoisses qu'elle ne consent pas à regarder en face.

Sans aller jusque-là, il est indispensable de vous reprendre en main régulièrement, de vous occuper de votre corps afin que celui-ci ne s'avachisse pas, qu'insidieusement les bourrelets n'épaississent pas votre tour de taille... jusqu'au jour où vous n'aurez plus le courage d'intervenir.

Entre le narcissisme, la phobie du kilo de trop et l'obésité, il y a un juste milieu que nous devons respecter si nous voulons conserver un regard à peu près heureux sur nous-mêmes. Rappelez-vous : il n'y a pas si longtemps, on disait d'un homme de cinquante ans qu'il était dans la fleur de l'âge, que dans ses tempes grisonnantes résidait sa séduction, mais que la femme de cinquante ans n'avait qu'à remplir la fonction de grand-mère. La femme de cinquante ans a pourtant acquis ses lettres de noblesse esthétique : Jane Fonda a cet âge, et elle représente une merveilleuse stimulation pour ne pas se laisser aller. Ce modèle peut être un moteur pour vous, un encouragement. Mais il n'a d'intérêt que s'il incite, sans bloquer.

Secouer les stéréotypes et les schémas médiatiques est la troisième condition de votre mise en valeur.

Les grands magazines féminins nous renvoient des modèles. Mais les stars, les mannequins, les jeunes beautés maquillées sophistiquées à l'allure sportive et élégante ne sont pas nous. Ce rajeunissement forcené de la société ne nous concerne pas. Il n'est pas la norme à laquelle nous devons soumettre notre image de nous-mêmes.

Secouons nos idées toutes faites sur nous-mêmes : « Je suis trop petite, le pantalon me fait du derrière », « Je ne porte pas de noir, cela me donne l'air triste », « Le rouge m'écrase », « Les pantalons à pinces, c'est pour les grandes femmes », « Les jupes longues me vieillissent », « J'ai le cou trop épais pour porter des colliers », « Je ne porte pas de talons, cela fait mauvais genre », « Le bleu et le jaune ne se mélangent pas ».

Nos interdits et nos tabous nous enferment dans des personnages stéréotypés. A tort les femmes se regardent plus souvent dans les yeux des autres femmes que les hommes ne le font. Nous regardons une femme qui passe dans la rue, nous l'évaluons. A la terrasse d'un café, nous suivons du regard une fille qui a de l'allure, nous nous moquons d'un « boudin » déguisé. Ne cherchons pas dans l'autre ce que nous sommes ou ne sommes pas.

C'est pourquoi je vous propose le petit jeu de la typologie. Il vous permettra de reconnaître... vos amies et de leur proposer quelques conseils !

J'ai choisi six types différents de femmes qui symbolisent certains des défauts qui nous marquent. Vos amies, vous les retrouverez facilement. Mais, si vous ne vous y retrouvez pas, posez-vous deux questions, pour vérifier : Suis-je au clair sur moi-même ? Qui suis-je pour l'autre ?

La femme qui s'en fout

Elle porte des pantalons démodés, un jean usé, des pull-overs étirés, des jupes trop courtes ou des jupes trop longues. Elle ne quitte plus le jogging, elle achète ses sweat-shirts sur le marché. Elle répète : « Moi, je me moque de séduire, on me prend comme je suis où on ne me prend pas », « Je ne me plais pas : je ne vois pas pourquoi je plairais aux autres », « C'est ridicule de s'occuper de ses vêtements, cela fait " bonne femme " », « Je ne veux pas être une poupée ; ce qui compte, c'est l'intérieur, ce n'est pas l'apparence ».

Nous retrouvons souvent chez ces femmes un refus du stéréotype féminin ou plus simplement un refus d'elle-même, une provocation à l'égard des autres.

La femme « qui s'en fout » se coule en fait dans la norme de certains milieux. « Dans mon milieu, il faut porter les Adidas et le jogging », me disait une éducatrice. Chaque milieu et chaque époque ont leur cortège de normes : se moquer du vêtement était un système de valeur largement répandu dans les années soixante-dix. Le retour au « vrai », à l' « authentique » interdisait tout maquillage de soi.

Mais la provocation, le refus de la norme mutilent parfois autant qu'ils libèrent. Ce « je-m'en-foutisme » peut être davantage une réaction contre quelque chose qu'une volonté de bien-être égoïste ou une réelle indifférence. Il peut ainsi isoler, couper d'échanges, de rencontres, réduire la dimension de son champ d'existence et de son rayonnement. Par cette attitude, la femme « je m'en-foutiste » s'empêche et s'interdit de jouer d'autres rôles.

Si vous avez un conseil à lui donner, dites-lui qu'elle s'aime davantage. Elle ne porte que le pantalon et le pull-over ? Qu'elle choisisse un pull-over en cachemire et d'une couleur nouvelle ! Elle ne supporte pas de se faire habiller ? Aidez-la à rechercher du flou, du fluide, un vêtement qui ne la bride pas, qui lui permette d'exprimer ce qu'elle a envie d'être. Trouvez des occasions pour l'obliger à réfléchir sur son style cool, à l'élaborer au lieu de le subir, et vous verrez son sourire lorsque son entourage lui répétera « que ça lui va drôlement bien comme ça ».

Il faut la rééduquer pour qu'elle accepte son plaisir et celui de l'autre.

La femme clinquante

Elle a des dizaines de tenues différentes, sa chevelure est abondante, soignée, provocante. Elle fait du bruit et ne passe pas inaperçue. Elle est extravertie. Elle n'hésite pas à se couvrir de bijoux faux et vrais, tapageurs et splendides.

Elle aime séduire, vamper, accrocher ; elle cherche le « mâle », elle veut être vue. Elle plaît aux autres femmes, car elle ose. Mais elle fatigue, parce qu'elle en « fait » trop. C'est un harnachement de couleurs, une traînée de parfums, un envol de mousselines ou de fourrures envahissantes.

Le danger, c'est qu'à la longue elle ne devienne épuisante pour son entourage. Elle vieillit souvent mal. Elle porte un masque sur son visage, elle se fige. Elle perd sa capacité d'écoute. On finira par la surnommer la Castafiore...

Laissez-la s'exprimer, mais dites-lui de changer de ton. Dites-lui que c'est reposant lorsque son sac, ses chaussures, son manteau, son collier sont plus discrets.

La femme conventionnelle

Elle peut être B.C.B.G. du type jupe plissée, pull à col roulé ou tailleur Chanel, foulard Hermès, collier de perles ou encore ensemble pantalon : quoi qu'il arrive, elle correspond toujours à des conventions. Elle est dans la norme, elle signe avec son vêtement son appartenance sociale, mais elle se cache, se camoufle en tant que femme. Elle est en position de repli, de protection. Elle ne laisse pas déborder les excès de sa personnalité — à supposer qu'elle en ait... Elle s'enferme dans une certaine rigidité.

Le danger, c'est que sa rigidité soit aussi physique que mentale. Elle est ennuyeuse de perfection. Son vêtement devient une carapace : elle n'attire que ceux qui sont aussi conventionnels qu'elle. Elle doute d'elle-même et ne prend pas assez de risques pour réussir.

Demandez-lui ce qu'elle veut cacher. Dites-lui de s'exprimer davantage. Son uniforme masque sa réalité. Demandez-lui donc de mettre un peu de désordre dans sa tenue, du violet avec du jaune par exemple, de choisir quelques accessoires moins convenus.

La femme-chatte

Symbole de la féminité, elle cultive son regard, ses lèvres. Elle s'alanguit et joue la femme-enfant. Elle est ronde, pulpeuse, porte des vêtements qui mettent en valeur ses formes. Elle aime laisser imaginer ses jambes, ses seins, mais sans ostentation. Elle choisit facilement des vêtements qui peuvent être démodés mais qui évoquent l'éternel féminin. Les fleurs et les dentelles, les couleurs pastel la parent. Elle aime séduire et aime surtout qu'on la séduise.

Le danger, c'est que la femme-enfant devienne femme-objet et surtout qu'elle ne voit pas qu'à partir d'un certain âge c'est franchement grotesque.

« J'adore ce type de femmes, surtout quand elles se taisent », me dit Jean. La femme-chatte agace souvent les autres femmes, car elle se place sur un terrain de rivalité et de séduction qui n'est pas obligatoirement celui où on a envie d'aller.

Dites-lui que plus de naturel pourrait la rendre plus

professionnelle, et qu'au bureau elle ne doit pas confondre midi et minuit.

La femme-magazine

Elle est souvent grande, mince jusqu'à en être maigre. Elle se coule dans les derniers modèles à la mode. La panoplie est parfaite, complète. Ses chaussures, pantalons et maquillage sont toujours du dernier cri. Elle est à la pointe de ce qui se fait. Elle est narcissique, intravertie. Elle plaît aux femmes qui aiment se voir en elle.

Le danger, c'est que son originalité est trop « conforme », qu'un bel objet est fait pour la vitrine et non pour la vie, qu'elle fatigue tout le monde avec son narcissisme, son régime. Les moules étouffent et brident.

Faites en sorte qu'un jour par mois elle vous surprenne et laisse tomber sa panoplie.

La femme mal « attifée »

C'est la femme qui « voudrait » mais qui ne sait pas. Elle choisit un vêtement qui l'engonce ou qui la tasse. Elle porte du rose-violet pour aller à un enterrement et des chaussures à talons hauts pour un barbecue dans le jardin.

Elle dépense beaucoup d'argent pour s'habiller, mais le résultat reste toujours le même : désastreux.

Elle est très active, se maquille mal ou trop rapidement. Elle se moque du vêtement et aime pourtant être belle. Elle adore faire des affaires et court les soldes, achète trop large, trop petit, mal assorti. Cette femme a envie de s'exprimer à travers son vêtement, mais elle se meut avec maladresse dans cet univers.

Qu'elle se fasse conseiller et aider, mais surtout qu'elle prenne le temps de s'étudier pour apprendre comment « être ».

Pour se mettre en valeur, il n'y a qu'un seul conseil : riez..., prenez la vie à pleines dents, c'est le seul moyen pour qu'elle vous sourie. La tristesse et l'ennui sont les pires des masques, ils déforment. La femme qui vit attire et séduit.

9e clé
GÉRER SON TEMPS

« Vivre dans son temps », « Le temps d'aimer », « Le temps qui passe ne se rattrape guère », « Il n'est plus temps », « Pas le temps », « Le temps ne compte plus ». Temps, mot obsessionnel qui scande de son unique syllabe nos plus profondes angoisses.

Le temps reste la notion la plus complexe à laquelle l'être humain soit confronté. Le temps du chef de gare qui siffle le départ du train à la seconde près, le temps de ceux qui s'aiment ou de ceux qui regardent le soleil se coucher ne relève pas de la même échelle.

Les jours, les heures et les minutes découpent notre temps, mais les mêmes unités de mesure ne signifient rien lorsque l'on parle du temps vécu.

Attendre un ami à la terrasse d'un café, regarder sa montre toutes les minutes s'il est en retard, l'imaginer parti, ailleurs, accidenté, et votre imagination vous embarque : votre temps s'est fixé, arrêté. Vingt minutes d'attente paraissent des heures.

Le temps est une drogue, nous nous en grisons et le provoquons tout à la fois. « Je veux tout réaliser dans le même temps »... « Je cavale après le temps »... La folie du temps nous saisit comme une illusion qui empêche de voir qu'au bout de chacun de nos temps individuels il y a notre propre mort. Le temps ne s'arrête jamais et pourtant, pour chacun de nous, il a une fin. Qu'est-ce que « notre » temps ? Nous ne connaissons pas le jour où s'arrêtera la pendule de la vie, nous courons après le temps comme s'il dépendait de nous de le domestiquer, de l'apprivoiser, de le maîtriser. Il y a une euphorie du temps comme il y a une fatigue du temps.

Cette fin de siècle nous inscrit dans une relation au

temps qui s'est fondamentalement transformée et qui l'a mué en espace. Curieux retour en arrière d'ailleurs : au XVIIe siècle, on disait « Tours est à trois jours de diligence de Paris » comme on dit aujourd'hui que New York en est à six heures... En treize heures, je suis à Tokyo, je peux composer en direct un numéro de téléphone de ma chambre d'hôtel et entendre « C'est toi, Gabrielle ? » d'une voix qui est à Paris. Je vois en même temps à la télévision les Mexicains installés dans les tribunes du stade assister au match France-Brésil de la Coupe du Monde. Temps et espace se mêlent.

Mais ne nous méprenons pas. La maîtrise technologique du temps est à des années-lumière de la maîtrise quotidienne du temps qui nous est imparti.

Qu'est-ce que je fais de mon temps ? Cette question est si angoissante que nous évitons de nous la poser. Nous traitons mal la denrée la plus importante dont nous disposons. L'homme s'affole parce qu'il craint de manquer d'énergie mais ne jette pas un regard sur le temps, qui, de toute évidence, lui manquera.

Lieu commun : plus le temps passe, moins nous voyons le temps passer... Enfant, les trimestres à l'école nous paraissaient trop longs et les vacances étaient immenses. Aujourd'hui, notre temps s'est accéléré : nous passons d'une semaine à une autre, d'un mois à un autre, d'une année à une autre avec une accélération considérable.

Les femmes sont plus que les hommes confrontées à cette réalité, car elles ont pris la décision d'élargir leur champ d'action, de gérer plusieurs vies dans un même temps. En voulant étendre sa réussite à plusieurs niveaux — professionnel, affectif, familial, personnel, la femme augmente le problème de la gestion de son temps. La multiplicité de ses activités ne rend pas plus élastique le temps disponible. Les temps différents où elle agit se heurtent, se mélangent, se gênent.

Joelle a quarante ans. Son mari est garagiste.

Depuis 1980, elle travaille au garage où elle assure la totalité de la gestion. Elle a deux filles, toutes les deux en faculté.

« C'est pour moi une extraordinaire aventure de travailler, nous nous sommes bien partagé les rôles : Paul adore la technique ; moi, je fais de la gestion. J'ai suivi des cours à la chambre des métiers, j'ai eu envie d'aller de l'avant. J'ai horreur de l'effacement, je me propulse en avant. Lorsque j'ai commencé à travailler, il y a eu de la bousculade, mais je n'ai absolument pas voulu renoncer. Aujourd'hui les filles sont à la fac, à cent kilomètres de chez nous, je travaille douze heures par jour, je continue à m'occuper de la maison, à aller l'hiver faire du ski tous les dimanches. Je fais vraiment le maximum. Et voilà que Paul me dit l'autre soir : " Je ne peux plus supporter ton aspirateur et ta planche à repasser, tu me fatigues. Je vais les balancer par la fenêtre. " Qu'est-ce qu'il veut ? Les journées ne sont pas extensibles, je ne veux rien abandonner. Il faut bien que tout soit fait. »

Joelle, soyez raisonnable... Stoppez cette boulimie de présence tous azimuts. Prenez une femme de ménage, acceptez de vous faire aider. Quelle est cette culpabilité qui vous anime et vous laisse croire qu'il faut tout faire pour être une femme ? Il n'est pas possible d'être présente sur tous les fronts à la fois. La femme qui n'accepte pas de faire des impasses épuise son capital de temps, elle ne hiérarchise pas ses priorités, elle rétrécit ses champs d'action, s'empêche de réussir en croyant multiplier ses chances.

Il ne faut pas se tromper : « tout faire » et « ne renoncer à rien » sont deux notions totalement différentes. Ne renoncer à rien est un choix de vie, tout faire est un refus d'analyse des moyens. L'un est antinomique de l'autre, car ne renoncer à rien implique précisément que l'on refuse de tout faire, que l'on est capable de déléguer. Le besoin de tout posséder, d'être en prise sur tout relève d'une culpabilité fantastique ne permettant pas à la femme de s'organiser, de choisir, lui enlève toute possibilité de distance.

« Je cours tout le temps. Je sors du boulot, je fais les courses, je surveille le travail des enfants... Pendant que Michel regarde la télévision, je repasse. Je n'ai plus aucun temps pour moi, mais c'est mieux comme ça, je me sentirais coupable de ne pas faire assez pour Michel et mes filles... »

Dany est médecin, son mari aussi. Elle est astucieuse et jolie mais s'est elle-même jetée dans le cercle infernal de la contrainte. Elle veut être une *superwoman* qui organise tout et se fait piéger au défi qu'elle s'est elle-même lancé.

La femme doit être d'autant plus vigilante qu'elle a choisi de répartir son temps sur plusieurs domaines. Elle risque sinon de voir sa vie dirigée par ceux qui décident de son temps.

Francine a trente-huit ans. « J'ai beaucoup couru après le temps sans réfléchir vraiment à ce qu'il signifiait. Aujourd'hui je comprends mieux sa valeur. Avec l'homme que j'aime, je me bagarre pour que nous ayons des longs moments ensemble, pour que nous cessions de vivre entre deux portes. L'amour, pour se construire, a besoin de temps sans à-coups. Autrefois, lorsque nous partions en week-end, je choisissais des capitales européennes où nous cavalions les musées, les restaurants. Aujourd'hui, je choisis des lieux hors du temps et nous apprenons à parler, à nous écouter. L'amour sans temps pour s'épanouir est un amour qui va mourir. »

La gestion du temps est un choix compliqué où les femmes ont tendance à sacrifier d'abord tout ce qui est leur temps personnel, sans se rendre compte qu'elles hypothèquent leur avenir. Le futur est inscrit dans le présent, il se construit aujourd'hui : si vous ne prenez pas le temps d'y penser et de le prévoir, personne ne le fera pour vous. La femme oscille entre deux excès également funestes : consommer son temps à vive allure ou à allure désordonnée ou économiser son temps jusqu'à n'en rien faire, le regarder passer sans jamais l'utiliser.

Élevées dans l'idée que notre temps était linéaire, nous croyons trop souvent que les années nous pétrifient dans ce que nous sommes et qu'elles ne peuvent restituer les chances que nous n'avons pas saisies. Or le temps est cyclique.

L'âge n'a plus le même âge, pourrait-on dire. L'époque est révolue où à vingt ans on se mariait et à quarante on était grand-mère. Le temps de vie de la femme s'est considérablement élargi. Nos mères, à cinquante ans, se considéraient comme vieilles, alors que nous, nous pensons que tout reste encore possible. Cette nouvelle vision du temps disponible pour vivre, travailler, aimer n'empêche évidemment pas des conceptions différentes de la vie selon l'âge.

La femme de vingt ans est à la découverte du monde, elle a le temps de tout regarder, de saisir toutes les opportunités.

La femme de trente-cinq ans vit la plénitude de son âge mais souffre du passage de la jeunesse à la maturité. Elle prend conscience de sa différence, elle construit son identité, son autonomie.

La femme de cinquante ans possède son capital d'expérience. Catherine l'exprime très bien : « Je suis bien dans ma peau. J'ai quarante-huit ans, mais, pour moi, vieillir multiplie les acquis de la connaissance, les seuls biens qui valent le coup, ceux qui apportent la connaissance de soi, du monde, celle de ses propres devoirs, la connaissance des êtres. Alors que les biens d'apparence m'apportent l'angoisse. Je suis plus mûre aujourd'hui, j'ai trop couru après l'apparence pour lui sacrifier encore la connaissance. »

Si l'âge reste parfois un handicap par rapport à la norme sociale, il est un atout par rapport à soi. Cette société valorise à l'excès les valeurs de jeunesse et rejette tout ce qui est « vieux ». Pourtant, seul l'âge peut apporter le désir de maîtriser les rythmes de sa vie, de conduire pleinement des projets. Une femme nantie de son capital d'expérience doit lutter pour savoir tirer parti de son âge, de son expérience. La société est plus sûre avec elle qu'avec les hommes : elle doit apprendre à assumer la maturité et à en jouir.

La vieillesse est pour l'homme et la femme l'âge de la vie le plus difficile à aborder. Le faire sans s'y être préparé, sans avoir mis en réserve quelques atouts, c'est risquer de s'enterrer vivant. La maturité est une étape dont il faut savoir profiter. On ne peut pas accepter de passer sans transition de la jeunesse à la vieillesse. Nous devons allonger le temps de la maturité au lieu de le refuser.

Marie me dit : « Quarante-cinq ans, pour moi, c'est le mauvais temps, car la séduction est liée à la jeunesse. Quand j'avais un capital de séduction, je n'en profitais pas. Maintenant c'est trop tard, on ne s'intéresse à moi que pour ce que je représente : je suis Mme le chef de service de l'hôpital, j'ai disparu derrière ma fonction. »

Ne faites pas comme Marie pour qui c'est toujours trop tard. Votre temps est là, l'avenir se conjugue au présent. Le présent est difficile à gérer, car il contient passé et futur. Au lieu de le regarder en face et de l'affronter, nous le nions et trop souvent le gâchons.

Il y a mille manières de gâcher son temps. Nous les connaissons toutes, mais nous y tombons régulièrement. Si gâcher son temps apporte un réel plaisir, le problème ne se pose plus. Et d'ailleurs ce ne sera pas pour nous du temps gâché, quelque jugement que puisse porter notre entourage ou la société. Mais si nous avons le sentiment d'une fatalité du temps gaspillé, nous devons apprendre certaines règles de vie. Elles sont simples :

Savoir dire non

Nous nous laissons envahir par des tas de sollicitations, des corvées inutiles qui nous ennuient à périr. Nous acceptons ou nous nous imposons des invitations qui absorbent notre temps parce que nous ne savons pas dire non, parce que nous nous croyons obligées de faire, parce que ce qui est ennuyeux est proche du sacrifice et que le sacrifice reste une valeur pour la femme. Le sacrifice en soi, le sacrifice sans objet réel est une perversion de l'action.

Le nombre de fois où nous ne savons pas dire non par culpabilité, devoir ou faiblesse est considérable. Nous pourrions trouver dans ce temps gâché une énorme réserve.

Traiter aujourd'hui ce qui est important

L'être surchargé va toujours au plus pressé, il se laisse happer par l'urgence et oublie l'important. Le court terme, l'immédiat, la multiplicité des sollicitations l'empêchent de prendre le temps nécessaire pour traiter ce qui nous engage, nous concerne profondément.

« A mon bureau je ne peux jamais répondre au courrier important, je suis sans cesse dérangée et harcelée par le téléphone, par les rendez-vous. Alors je dois le faire chez moi, ce qui m'exaspère. » « Cela me stresse de ne pas travailler sur ce qui est capital, mais je remets sans cesse au lendemain, car je suis toujours dérangée. »

L'immédiat assaille, il consomme trop de temps. La femme se laisse déborder par l'immédiat. Ayant élargi son champ d'activités, elle sera vite encombrée si elle n'a pas choisi ses priorités.

Décider soi-même de son temps

Jean-Louis Servan-Schreiber dit : « Nous pouvons tout déléguer, tout confier aux autres sauf notre agenda. Il vaut mieux donner à votre secrétaire votre carnet de chèques que votre agenda. » Par lassitude, nous laissons aux autres le soin de gérer notre temps et nous nous étonnons de ne plus rien maîtriser. Confier son temps aux autres, c'est leur donner le pouvoir non seulement de gérer votre présent, mais d'orienter votre futur. Si l'avenir commence aujourd'hui c'est immédiatement que vous devez saisir vos opportunités. La femme a longtemps cru qu'il était dans sa vocation de laisser l'autre choisir à sa place, elle acceptait comme un état de fait de prendre sa propre identité pour laisser l'autre décider de son temps, c'est-à-dire de sa vie.

« C'est mon mari qui décide de tout, qui organise tout, qui choisit qui il veut inviter, où nous irons en vacances et pendant combien de temps. Ce sont pour moi des surprises permanentes. Parfois, ses choix ne me conviennent pas vraiment, mais c'est tellement confortable. J'ai perdu l'habitude de décider, je trouve idiotes les femmes qui veulent tout négocier. Une femme, c'est fait pour faire ce que dit l'autre », me dit péremptoirement Madeleine, agacée par mes remarques sur sa dépendance à son mari.

Madeleine, profitez bien de cet état d'enfance, faites-le durer, votre époux a succédé à votre père et, vous, vous êtes restée au même endroit. Tant que rien ne bouge dans votre environnement, tout est satisfaisant. Faites des vœux pour qu'une tempête n'entre pas dans votre vie, car vous risqueriez d'être totalement démunie et désorientée. La non-gestion de notre temps nous maintient dans un état d'enfance qui prend l'allure d'une catastrophe si les tuteurs disparaissent.

Se lever le matin

« Moi, je suis libre parce que je peux dormir jusqu'à onze heures tous les matins, je ne suis pas une activiste, je ne suis pas un homme, je jouis du sommeil, du lit, du repos. Je prends le temps de m'occuper de moi, je me baigne, je me maquille, ensuite je sors. Je ne pourrais pas supporter d'avoir à courir le matin, d'être obligée de me presser... » Nathalie a trente-huit ans; elle habite une grande ville de province, elle n'a jamais travaillé, a une fille qui est à Paris et remplit le vide de sa journée en adoptant un rythme lent qu'elle définit comme le luxe. Ce fameux luxe ne la satisfait pourtant pas complètement, car elle est incapable de résoudre les problèmes de sa vie.

Si, comme elle, vous laissez couler le temps, sans avoir envie d'entreprendre, matin après matin, vous ne le retrouverez plus jamais. Vous aurez fait le choix d'une vie dilettante, mais ne pourrez plus rattraper le temps perdu si vous changez d'avis.

Le « temps perdu » est une notion subjective. Il peut être selon les moments de la vie réflexion ou prise de recul, mais aussi gâchis. Refuser de se lever n'est qu'un symbole d'une sous-utilisation du temps.

Le courage de se lever comme celui de dire non apparaissent comme des vertus secondaires. Ce sont pourtant les petits gestes quotidiens qui sont le ressort de toute maîtrise de soi. La gestion de son temps nécessite courage, détermination, sens des priorités et des choix.

Préserver du temps pour soi

Entrer dans la vie professionnelle revient souvent pour une femme à perdre l'habitude de s'occuper d'elle. « Je n'ai jamais une minute à moi, je suis à l'hôpital le matin à huit heures, je rentre à une heure pour déjeuner avec les enfants, je repars. Le soir, je rentre, ce sont les devoirs, les dîners chez des amis. Je m'impose de lire tous les soirs avant de m'endormir, mais je m'effondre de sommeil. Je voudrais faire de la gymnastique, des massages, mais quand ? »

Préserver du temps pour soi au cœur de la surcharge relève de l'exploit, c'est vrai. Mais c'est ce temps-là qui favorise le ressourcement indispensable et stoppe une fuite en avant souvent désastreuse.

Accepter de s'organiser

« Mon travail est très gratifiant, dit Juliette qui enseigne à l'université. Il me passionne, je suis toute la journée en contact avec des individus, je me sens utile. Le travail m'est indispensable, c'est un remède contre la déprime, la maladie, le chagrin. Mais pour moi le plus important, c'est ma réussite familiale, être femme et être mère. J'étais fille unique, je n'ai pas eu de frères et de sœurs, j'ai voulu avoir des enfants, heureux et épanouis, leur donner les moyens de réussir. Vaste programme, c'est vrai, mais, pour y arriver, tout se réduit à un gros problème d'organisation. En s'organisant correctement, on peut s'en sortir. Les moyens financiers aident évidemment, mais ce n'est pas suffisant. Il faut d'abord la volonté de s'organiser, car qui dit s'organiser dit se contraindre. Il est vrai que par manque d'organisation je gâche mon temps dans des détails inutiles. Tous les jours, je fais plusieurs fois la queue chez l'épicier parce que j'ai toujours oublié quelque chose et que je refuse de me faire des listes. »

S'organiser, c'est décider de se faciliter la vie, sans s'inventer de stupides cas de conscience. « J'ai découvert le four à micro-ondes, je n'ai plus besoin de laver les casseroles pour faire réchauffer des restes... » ou « Je commande par téléphone, ça m'évite de courir » ou « Tous les matins, je prends cinq minutes enfermée seule dans mon bureau pour voir comment je vais organiser mes journées ».

Ces phrases illustrent des choix d'organisation. Le temps bousculé, comme le temps haché, ne permet pas de couvrir un large champ d'activité.

L'organisation, c'est accepter de prendre le temps de la réflexion pour se préparer avant d'agir. Gâcher son temps, c'est agir sans réfléchir. Se lancer dans l'action sans un minimum de recul est un refus d'organisation qui relève de l'activisme, mais ne garantit en rien la valeur d'une activité.

Savoir arrêter les situations qui nous fatiguent

Nous sommes confrontées à des situations professionnelles ou familiales qui nous épuisent en profondeur, car elles ne correspondent pas toujours à nos aspirations, elles sont contraires à nos désirs et deviennent trop lourdes à porter. Elles sont portées par la femme comme un fardeau, et c'est alors que jaillit la succession des maux qui agressent notre organisme : lourdeur des jambes, angoisse, insomnie...

Agnès a trente-deux ans ; elle est grande, brune, elle est inspecteur de police à la P.J., secteur des drogués.

« Je n'en peux plus. J'habite le 15e et tous les jours je dois aller à Nanterre. De plus, cette ambiance me mine littéralement. Je m'occupe des camés et c'est sans issue, sans espoir de remonter les filières. C'est horrible. Je ne le supporte plus, je suis tout le temps épuisée. En huit mois, j'ai fait trois angines, deux éruptions de boutons. Un jour, j'ai pris la décision de demander ma mutation, j'en ai longuement discuté avec mon commissaire qui me le déconseillait. Le service était bien géré, nous étions une équipe soudée, mais je devais partir, je ne pouvais plus supporter ce métier. Le jour même où j'ai fait ma demande de mutation, je me suis sentie mieux. Pour l'instant, je suis toujours dans ce service et je suis très motivée, je pars au travail en forme, je reste tard le soir sans problème, je suis même très malheureuse de quitter l'équipe à laquelle je suis bien intégrée pour trouver une autre équipe peut-être hostile, mais ce choix s'imposait à moi, car mon équilibre était remis en cause. »

Agnès a su briser le cercle infernal de fatigue et de stress, elle a décidé d'agir sur la cause. Même si cela lui a été difficile, elle se connaît suffisamment pour identifier que sa fatigue provient du dégoût du métier qu'elle fait et de l'impression d'inefficacité qu'elle ressent.

Le refus, la non-motivation génèrent de la fatigue. Nous n'avons pas de prise sur tous les aspects de notre vie. Agissons au moins sur ceux où nous en avons une. C'est une démarche déterminante que d'avoir la capacité d'identifier ce qui nous épuise et de prendre la décision de changer.

Préparer l'avenir

Le temps s'accélère différemment pour chacun de nous. Se refuser de penser à demain, de le préparer, c'est obérer le long terme pour le court terme.

La jouissance immédiate du tout-tout-de- suite à d'indiscutables charmes, mais il enlève de la disponibilité pour construire l'avenir. « J'ai cinquante-cinq ans ; j'ai décidé de stopper un peu ma fuite en avant, je me fais bouffer par tout le monde, j'ai peur de vieillir sans m'en apercevoir, je ne sais pas comment m'organiser. Je dois prendre un tournant, me préparer pour autre chose, je n'ai jamais eu le temps d'y penser. J'ai vécu comme une cigale et j'ai chanté tout l'été. L'hiver approche, il est temps de prendre en main mon avenir. »

Vieillir, c'est avoir une autre relation au temps, car le temps qui passe devient une angoisse. Si vous êtes inactive aujourd'hui, vous n'aurez rien demain. Refuser d'assumer l'inquiétude du temps qui passe, c'est se refuser la possibilité de saisir les opportunités.

Les Occidentaux sont des êtres absorbés par le court terme, la prise en compte du long terme dans les affaires nous a été imposée par les Japonais qui savent sacrifier le présent pour préserver une prospérité future.

Le temps nous obsède, il nous habite, nous encombre ou nous manque. Nous sommes globalement habités par la crainte de manquer, mais le manque de temps reste spécifiquement pour la femme le handicap essentiel pour relever le défi de la réussite.

Se projeter dans l'avenir implique d'accepter l'incertitude du lendemain et l'angoisse qui en découle. Préparer l'avenir, c'est accepter de ne pas savoir, mais implique de développer des facultés de création et d'adaptation.

Les femmes qui ont choisi de couvrir le champ de la vie publique et privée sont souvent débordées, ce qui leur sert trop souvent d'alibi pour ne plus s'interroger, ne plus penser. L'action, l'agitation isolent de demain et protègent de la fin. Pourtant les choix que nous ferons aujourd'hui modèleront en grande partie l'avenir que nous aurons.

Femmes, attention à la drogue du temps : la gestion de votre temps est tout à la fois aptitude à la stratégie et art de se gérer soi-même. Apprivoiser le temps amène à prendre de la distance par rapport à soi-même et au présent. Temps vide, temps perdu, temps mort n'existent plus ; ils servent à faire des projets.

GÉRER SON TEMPS

- C'est d'abord se fixer des priorités.
- Construire des projets.
- Accepter de faire des impasses.
- Innover.
- Savoir se faire plaisir.

10e clé
VOULOIR RÉUSSIR ET ÊTRE SOLIDAIRE

Les femmes d'aujourd'hui élargissent délibérément le champ de la réussite, elles sont des militantes du « et », elles refusent un choix qui oblige à exclure telle ou telle partie de leur vie.

Cet enrichissement de la notion de réussite ne simplifie pas le problème, bien au contraire. Au lieu de parcelliser ou de cloisonner les différents univers de notre existence, nous les pénétrons et les jouons simultanément. Les enjeux prennent une autre ampleur, les défis que nous nous proposons deviennent plus importants.

Dans la vie, comme dans le monde des affaires, nous devons concentrer toutes nos forces, tous nos efforts sur un même objet pour favoriser la performance.

La dispersion consume notre énergie et peut altérer notre efficacité. Malgré cela, nous n'hésitons pas à dire : « Je ne veux rien abandonner, je ne veux pas renoncer à une part de moi-même. Réussir, c'est être en totalité bien dans sa peau, être épanouie, réussir une vie affective et avoir des responsabilités dans le monde professionnel. »

Cet élargissement du champ de notre réussite est un incontestable enrichissement mais il devient d'une grande complexité : gérer, équilibrer notre vie devient beaucoup plus difficile. Il ne suffit pas de s'enorgueillir de notre capacité à vivre une existence plus riche et plus large, il faut prendre conscience de la hauteur à laquelle nous plaçons la barre.

Avons-nous la volonté de faire cet effort ? Avons-nous les atouts pour y parvenir ? Ou sommes-nous installées dans une douce utopie ?

Cette attitude dont nous avons fait le choix face au travail et à la vie personnelle serait sans doute un enjeu parfaitement irréaliste si les structures de la société industrielle ne s'étaient pas transformées et si les hommes n'étaient pas eux aussi animés de ce désir d'une réussite totale, d'une réalisation de l'être dans ses différents aspects.

Au cœur d'une société qui change de visage, les compétences prennent une importance accrue, les rôles ne sont plus déterminés et définis une fois pour toutes. Mais, pour les femmes comme pour les hommes, le choix de l'amplitude, de la largeur du champ impose un énorme travail sur soi.

Les clés de la réussite que je vous ai exposées ne sont pas des gadgets ou des crèmes aux propriétés miraculeuses. Elles proposent une démarche centrée sur la connaissance et l'expression de soi. Réussir sa vie telle que les femmes la définissent aujourd'hui implique de choisir et de vouloir.

Choisir

Nous commettrions une grave erreur si nous pensions que vouloir ce ET à la place du OU permet de faire l'économie de tout choix. Ne pas se résoudre à abandonner une part de soi ne signifie en aucun cas ne pas choisir.

Je faisais une conférence devant un groupe de jeunes femmes qui étaient toutes largement diplômées, en biologie, informatique, sciences économiques, littérature ou histoire. Elles avaient décidé de suivre un cycle intensif de marketing et informatique pour se spécialiser et déboucher sur un emploi. Elles étaient en fin de cycle lorsque je suis intervenue dans leur groupe. Elles étaient très motivées, mais vivaient une période d'inquiétude à l'idée d'être confrontées dans les mois à venir à la dureté du marché de l'emploi qui, déjà une première fois, ne les avait pas sélectionnées.

Les unes et les autres s'exprimèrent très largement sur la vision de leur avenir, leur désir de réussir et leur adhésion à une proposition englobante. C'est alors qu'une grande blonde déclara : « Moi, j'ai envie, dès que j'aurai fini mon stage, de faire un enfant tout en cherchant du travail. Je sais que ce n'est pas facile, mais, pour moi, c'est cela jouer le ET... » L'exemple est très intéressant, car il est l'image même du contresens à ne pas commettre. Jouer la coordination ne signifie pas ne pas choisir et mener de front toutes les priorités, car les unes peuvent être exclusives des autres à certaines périodes de la vie.

Avoir un enfant en cherchant du travail dans un marché de l'emploi très difficile relève de l'aberration ou du désir inavoué de ne pas en trouver. La recherche du travail devient un alibi. Il est probable que l'on retrouvera, dans cinq ans, cette même femme confrontée à un fantastique complexe d'échec face au travail.

Ne pas renoncer à une partie de soi ne signifie pas chercher à tout satisfaire simultanément. Pour choisir il faut apprendre à gérer le temps et l'espace. Choisir c'est se fixer des priorités dans le temps ; se donner quelques enjeux clairs, simples et possibles à atteindre.

Dans ce même groupe, une autre femme qui a un D.E.S.S. de biologie déclare : « Ou je trouve un travail qui correspond à mon niveau ou je ne prends rien. » Je lui demande si elle est prête à quitter la région. « Non, répond-elle, mon mari à un poste ici, il n'est pas question que je travaille en dehors de Toulouse. » Comment ne perçoit-elle pas que les contraintes cumulées rendent plus difficile encore l'accès à un emploi ? Elle part de son désir pour fixer les règles du jeu de son environnement... L'ennui, c'est que le monde du travail n'est pas dépendant de Mme Duchemin qui a un D.E.S.S. de biologie et un mari à Toulouse.

Pourquoi penser qu'un niveau défini correspond à un poste défini. Il est temps de comprendre que plus rien n'est fini ni défini.

La femme ne doit pas accepter de sous-emploi sans qualification, mais admettre de rentrer dans le monde du travail dans des emplois qui ne correspondent pas parfaitement à ses désirs ou à ses compétences. L'essentiel est de pénétrer dans le mouvement, dans le milieu, de se mettre en situation de saisir les opportunités. Ces opportunités, on les trouve rarement dans les petites annonces, on les rencontre davantage dans la mouvance professionnelle. A un niveau de diplôme ne correspond pas un poste... On a trop pris l'habitude de fonctionner sur le modèle des clés : une clé pour une serrure, un diplôme pour un poste. Le diplôme n'est plus un passeport pour une carrière. Nous ne sortons plus des grandes écoles ou des universités comme des produits finis.

Choisir suppose qu'on sorte des normes pré-établies. Choisir, c'est se fixer des priorités tout en restant sensible aux particularités du milieu. Trop de personnes pensent encore qu'un choix de priorité est un carcan. Il est vrai que choisir une chose implique de refuser d'autres choses ou à tout le moins de les reculer. Mais faire un choix n'est pas se couler dans un corset de fer. Choisir va de paire avec s'adapter aux choses et les adapter à soi.

Vouloir

Réussir est avant tout une affaire de volonté. Les embûches, les obstacles, les contretemps, les mauvaises surprises, les difficultés sont le lot commun du chemin de la réussite.

La route est longue, âpre, fatigante ; seule la

ténacité permettra de surmonter les moments de lassitude, d'envie d'abandonner qui sournoisement apparaîtront.

La volonté s'éduque comme le revers au tennis, c'est une affaire d'entraînement au fil de la vie quotidienne. C'est se lever le matin, c'est s'occuper de soi, c'est agir, même lorsqu'on n'en a pas vraiment envie. Chacune de nous doit trouver sa roue d'entraînement.

Entraîner sa volonté, c'est aussi accepter de traiter ses blocages, ses paniques et se soigner s'ils deviennent importants. Entraîner sa volonté signifie moins passer en force que de ne pas se laisser démonter ou décourager par les difficultés rencontrées.

Il faut apprendre à identifier les obstacles pour ne pas être surpris. La fatigue, la rivalité attaquent la volonté comme un cancer. La fatigue est un obstacle, la lassitude gagne sournoisement le corps, l'esprit, le psychisme. Elle est insidieuse, car elle ne se déclenche pas comme une angine, elle s'accumule pendant des semaines, elle ronge doucement et efficacement. Puis elle éclate.

Édith a trente-huit ans ; elle a vécu plusieurs années aux États-Unis. Elle a, sous des cheveux très grisonnants, un visage jeune, des yeux noirs pétillant d'intelligence et de vitalité. Elle est responsable internationale dans un syndicat professionnel. Elle raconte : « Je cours le monde, j'ai eu du mal à avoir ce poste, car personne ne voulait vraiment le confier à une femme, donc je me suis bagarré et je me bagarre encore. C'est difficile, mais ce métier me passionne. Un jour de mai, je me lève pour prendre mon avion pour Tokyo qui part à 12 h 30 et je sens dans les jambes une lourdeur qui m'empêche de bouger. J'ai la nausée à la pensée qu'une fois encore je vais faire dix-neuf heures de vol, que la semaine suivante je prendrai le T.G.V. à l'aube pour Lyon et que celle d'après je devrai faire un aller et retour éclair à

Dusseldorf. Ma vie prétendûment fascinante m'apparaît soudain dérisoire. C'est à peine si je m'amuse encore d'épater mes amis parce que je rentre de Tokyo ou de Hong Kong. Je n'ose pas avouer que je m'ennuie seule dans les hôtels internationaux, que je me demande si ce que je fais est utile à quoi que ce soit ou à qui que ce soit. Le prix à payer pour ma liberté me paraît excessif. Je suis épuisée. »

Édith a pris la décision de s'arrêter deux semaines, de se faire plaisir. Elle est partie une semaine au centre de thalassothérapie à Biarritz et une semaine chez des amis sur la Côte d'Azur. « Je sais que lorsque la fatigue me tombe dessus je dois immédiatement arrêter, reconnaît-elle, car elle a une telle emprise sur moi qu'elle affecte ma volonté au point de pouvoir m'amener à démissionner. »

Édith se connaît bien mais connaît surtout ses signaux d'alarme. Elle sait gérer sa vie et sait reconnaître quand il est urgent de s'arrêter, de se soigner.

La fatigue peut se traduire en lassitude comme chez d'autres en agressivité. Jacqueline est directeur financier dans une société de service. « Les clients paient de plus en plus mal, avec des retards importants. Être directeur financier se réduit pour moi à cavaler après des factures, à voir les banquiers et cela me rend folle. Il y a des moments où je suis submergée de tâches sans intérêt. Je passe douze heures par jour au bureau, je suis épuisée et je deviens d'une agressivité folle envers tous ceux qui m'entourent. J'ai conscience que c'est catastrophique, car je rate mes négociations avec les banquiers, que je démobilise ou j'angoisse tous ceux qui m'entourent. Il faudrait que je prenne du champ, mais plus je suis fatiguée et plus je passe des heures au bureau. »

La fatigue attaque la volonté comme les termites le bois. Vous devez donc apprendre à vous arrêter parce que vous êtes fatiguée.

La rivalité

La rivalité des hommes et des femmes ou des femmes entre elles se dresse comme autant d'obstacles harassants sur le chemin de la réussite et en font une éreintante course de haies...

La rivalité, la compétition individuelle détournent des objectifs réels pour y substituer des enjeux le plus souvent illusoires, ce qui ne les empêche pas de dévorer une somme considérable d'énergie. Solange est avocate internationale, elle a passé cinq ans dans un cabinet d'affaires à Tokyo et cinq ans aux États-Unis. C'est une forte personnalité, une jolie fille, solide et déterminée dans ses choix. Elle raisonne avec logique et rigueur et ne se laisse jamais déborder par l'affectif. Son cerveau est une belle mécanique, elle travaille en vraie professionnelle.

De retour à New York, elle rentre dans un cabinet américain, l'ambiance est dure, compétitive; chacun cherche à désécuriser l'autre pour essayer de récupérer les affaires les plus passionnantes. Jacques est le plus coriace de tous, il passe son temps à surveiller ce qui arrive, ne quitte pas des yeux le télex et n'hésite pas à piquer les meilleures affaires. « Nous étions devenus de véritables ennemis, raconte Solange. Chacun attendait l'occasion de faire sauter l'autre. Cette rivalité m'était insupportable, je sentais que j'y gaspillais toute mon énergie et pourtant je crois m'y être prêtée avec hargne, d'une manière quasi obsessionnelle. J'ai donc décidé de changer de cabinet, car ce petit jeu du " à qui tue l'autre " me semblait trop dangereux et m'empêchait totalement de progresser. »

La rivalité est plus pressante à mesure qu'on monte en responsabilité et en statut, et c'est souvent un mode de vie plus difficile pour les femmes que pour les hommes : elles sont minoritaires et mal à l'aise dans une conception de la réussite qui consiste à écraser l'autre, son voisin, son ami. Ce jeu de la petite guerre est mal vécu en général par les femmes, même s'il est difficile de nier qu'elles ne sont pas les dernières dans l'art discutable des chausse-trapes et autres techniques du croche-pied.

Noelle est consultant senior dans un gros cabinet parisien de management. Elle est la seule femme parmi une centaine d'ingénieurs. Elle a une grande notoriété et une forte personnalité qui n'est sans doute pas du goût de tout le monde. Passionnée par ses responsabilités, elle est efficace et n'accepte guère les compromis. Un important groupe bancaire français décide de redéfinir ses options stratégiques pour les cinq prochaines années et fait appel à son cabinet.

Le fonctionnaire de la banque chargé de coordonner les travaux traite les premiers éléments du dossier avec un des collaborateurs plutôt qu'avec Noelle. Jusque-là rien que de très normal. Noelle participe à une réunion chez le président du groupe bancaire et apprend qu'il a été décidé de lui confier l'intervention stratégique, ce qui la surprend un peu, car elle n'a jamais été consultée directement. Elle s'enquiert de la date de la prochaine réunion, rencontre le fonctionnaire responsable du projet qui lui dit, légèrement mal à l'aise, qu'il ne compte pas faire appel à elle mais à son collaborateur. A ses questions sur les raisons d'une telle attitude, elle s'entend répondre : « Vous savez, chez nous, beaucoup ne vous apprécient pas et préfèrent travailler avec votre collaborateur... » mais ne peut obtenir aucune autre précision. Noelle, furieuse, demande un rendez-vous au président qui s'étonne de cette affirmation, car le groupe à animer ne la connaît pas. Cette histoire la déconcerte totalement.

Elle est fatiguée de devoir une fois encore se battre, blessée par ces attaques dont l'origine demeure incertaine. Elle n'a qu'une envie, tout abandonner à son collaborateur. « Je suis surchargée, se dit-elle. Pourquoi suis-je toujours en train de me battre ? » Trois jours après, revirement complet. Le fonctionnaire l'appelle et lui dit : « J'ai fait mon enquête… En fait, les gens qui ne veulent pas travailler avec vous ne sont pas dans la commission dont on vous a chargée. On a besoin de vous. »

Noelle sait une fois de plus que si elle ne s'était pas battue elle aurait été écartée. Il est nécessaire d'avoir la volonté de réussir pour ne pas craquer sous les coups bas, les pressions, les jalousies, les calomnies.

La rivalité, la jalousie ne sont que des incidents de parcours, sans doute difficiles, mais elles ne doivent pas entraver votre volonté.

Dans cet enjeu de la réussite, les femmes doivent développer entre elles une nouvelle solidarité. La volonté ne peut être seulement individuelle, elle est aussi celle d'une minorité qui veut avoir la chance de définir un autre mode de vie, une autre approche de la relation professionnelle. L'obligation d'avoir des femmes à certains postes est une arme à double tranchant, utile à court terme et gênante à long terme, car les femmes ne réussiront pas à force de lois mais à force de solidarité. Pour être solidaire, il faut avoir un projet en commun. Une solidarité sans projet est une coque vide.

La solidarité est le ciment essentiel pour construire le devenir des femmes. L'époque où une femme cherchait à exclure les autres pour rester seule, où elle croyait mettre en jeu son pouvoir si elle n'était pas la seule présence féminine, est dépassée.

Il est nécessaire d'accepter d'aider l'autre à réussir. La solidarité n'est pas un vain mot, ne la concevons pas comme un simple moyen de défense, mais aussi comme un moyen de progresser.

Être solidaire, c'est tenir compte de l'autre en tant que personne, c'est comprendre ses objectifs, ses problèmes, c'est chercher des solutions au-delà de nos propres intérêts, voire de nos propres valeurs.

Christiane est directeur de marketing, elle s'est entourée de femmes performantes, elles forment une équipe soudée et efficace. Elle raconte : « Nous sommes quinze dans mon service, dont six femmes jeunes, diplômées, astucieuses et motivées et qui ont chacune deux enfants. L'une après l'autre, elles m'ont proposé de ne pas travailler le mercredi et de récupérer ces heures à un autre moment. J'ai trouvé l'idée astucieuse, mais difficile à mettre en place. Pourtant, il fallait essayer. La qualité de la vie de ces femmes, donc, j'en suis sûre, la qualité de leur travail, pouvait beaucoup y gagner. J'ai dû me battre avec le chef du personnel — une femme ! — pour qu'elle accepte, car elle m'expliquait que c'était un précédent très ennuyeux. J'ai réussi à avoir son accord. Jamais mon service n'a aussi bien fonctionné, c'est un problème d'organisation mais chacune s'accroche pour que ça marche. »

Il est frappant de voir que beaucoup de femmes sont étonnamment peu solidaires dans le travail. Elles ne s'entraident pas ; deviennent dures, sèches, exigentes. Les hommes savent mieux organiser leur solidarité. Il ne s'agit pas de simple générosité, c'est aussi une question d'efficacité. Être solidaire, c'est comprendre que pour réussir moi-même, je dois aider aussi l'autre à réussir, que ses succès, bien loin de me porter préjudice, rejaillissent sur moi si j'ai su les faire éclore.

Être solidaire devient plus aisé quand on appartient à des réseaux. Il existe aujourd'hui à Paris, en France et dans le monde des clubs, des réseaux de femmes qui s'aident, qui échangent, qui se connaissent. Ne les considérez pas avec ironie, car c'est avec et par ces réseaux que les femmes trouveront de nouvelles voies dans les chemins de la responsabilité. Je participe à un club appelé « Club L », fondé, animé par Puk Simonnet. Personne n'aura la capacité comme elle de donner épaisseur et réalité à ce club... et pourtant beaucoup de ses bonnes amies rêvent de sa place. Quelle tristesse... La rivalité tue. Quand donc les femmes le comprendront-elles ?

Choisir, vouloir, être solidaire... Ces mots se bousculent dans ma tête, car, tout comme vous, il y a des jours où je ne voulais surtout rien choisir, rien entreprendre et ne m'occuper de personne...

J'ai horreur de choisir. J'aimerais pouvoir tout mener en même temps, aller chez le coiffeur, rédiger un rapport, aller m'acheter des chaussures, écrire des lettres, discuter avec mes enfants, faire une conférence. Je peux avouer à toutes les femmes qui ne savent pas choisir combien c'est difficile pour moi qui voudrais tout brasser en même temps au même moment. Le privilège d'être à mi-chemin de ma vie professionnelle me permet de dire que nous devons pourtant choisir, même si c'est extrêmement difficile. Autrement nous nous étouffons dans l'encombrement du quotidien.

J'ai aussi éprouvé cette maladie de la volonté, cet écœurement du combat quotidien, cette lassitude à vouloir toujours vouloir. Tant de fois j'ai désiré, cherché quelqu'un qui « veuille » à ma place. Oui, je ferais ce que l'autre me dirait, je reprendrais cette place traditionnelle de la femme qui avait un maître... J'ai souhaité être éminence grise pour jouir du pouvoir sans avoir la responsabilité. J'ai tant voulu être au chaud dans un cocon, protégée du monde extérieur. Et puis j'ai compris que sans doute mon destin n'était pas là et que seule la ténacité m'apportait la chance réelle d'un épanouissement.

Être solidaire ? Les femmes m'ont horripilée, m'ont fait honte. Je les ai détestées, car je les ai trouvées petites, grandes, moches, idiotes, jalouses, autoritaires. J'ai voulu être la seule, jouir de mon prestige, du sentiment que j'avais d'être unique. Mais aussi, comme vous, j'ai été agacée et manipulée par d'autres femmes. Puis j'ai découvert au fil des jours, des chemins, des rencontres, la solidarité. C'est sans doute ce qui m'a poussée à écrire ce livre.

L'utopie de la réussite globale est l'enjeu offert aux êtres humains de cette fin de millénaire. Nous sommes nombreux à vouloir la réaliser, mais nous avons besoin les uns des autres.

Être solidaire ne signifie pas façonner un monde de femmes opposé à celui des hommes. C'est, au contraire, l'addition des compétences et des volontés pour bâtir une société sans discrimination.

IV

LE REGARD DE L'AUTRE

« Ce que tu cherches dans la glace, tu le trouves dans le regard des autres. » Nous ne devons jamais oublier que nous sommes conditionnées par le regard que les autres portent sur nous et qu'ils projettent l'image qu'ils se font de nous.

Nous devons connaître les mécanismes du regard, pour compléter notre approche de la réussite.

Notre réussite s'inscrit dans notre relation à l'autre. C'est l'autre qui vous emprisonnera dans ses propres schémas, mais c'est lui aussi qui misera sur vous et vous poussera à aller plus loin. C'est l'autre qui vous niera ou vous reconnaîtra, qui vous bloquera ou vous aidera. Votre vie se définit dans votre relation au monde à travers l'autre.

Si la réussite est un jeu personnel, il n'est pas niable que le regard de l'autre joue une fonction amplificatrice, qu'il a un immense pouvoir de frein ou de propulsion. Tout ce livre tend à démontrer que les clés de la réussite sont en nous d'abord, que nous sommes actives et non passives, mais nous ne pouvons contester le jeu du regard de l'autre dans notre propre développement.

Il n'y a rien de plus immuable que ce jeu du « regardant regardé », mais rien de plus mobile que les valeurs qui orientent ces regards et les font appréciateurs ou dépréciateurs, laudatifs ou indignés, connivents ou accusateurs.

Il y a trente ans, une jeune fille qui faisait l'amour avec un homme était considérée comme une « fille de rien » alors qu'aujourd'hui la même, devenue mère, conseille à sa fille la pilule et abrite ses amours.

Nous constituons en partie notre identité par rapport au regard d'autrui, et ce regard ne transporte pas les mêmes valeurs à travers le temps, car les données évoluent. Le regard véhicule les valeurs fortes de la société dans laquelle nous sommes. Il est un mélange complexe d'héritage collectif, de stéréotypes et de jugements personnels, d'affects individuels. En lui sont toujours en tension, et parfois en contradiction, ce qu'on pourrait nommer le « regard social », largement inféodé aux normes dominantes, et le « regard privé », lié à la part la plus intime et souvent la plus inconsciente de chacun d'entre nous, à ce que Sartre appelait « l'effet insidieux de la biographie ».

« Pas vu, pas pris », affirme un dicton : les regards portés sur nous peuvent être la meilleure et la pire des choses, comme les miroirs des contes qui, sous les sortilèges d'une fée, disent le bonheur ou le malheur d'un destin. Jean Cocteau a eu, à leur propos, un mot aussi joli que profond : « Les miroirs devraient réfléchir avant de refléter. »

Réfléchissons donc sur ces regards-miroirs pour, parfois, briser leurs maléfices.

Le regard de la famille et de l'environnement

Dès sa naissance, la famille pose un regard sur l'enfant et construit autour de lui un projet plus ou moins précis. Dans l'ensemble, les projets étaient construits plus solidement pour les garçons que pour les filles : « Si tu ne réussis pas tes examens, a-t-on dit à des milliers de

Françoise ou de Michèle, cela n'a pas d'importance, tu trouveras un mari et tu élèveras tes enfants », alors qu'on disait aux Pierre ou aux Philippe : « Il faut que tu aies un métier, un diplôme, car dans le monde actuel sans diplôme on ne peut plus réussir. »

L'étude de la vie d'hommes célèbres ou de grands leaders montre que, pour certains, dès l'enfance leurs parents imaginaient un grand destin et mettaient tout en place pour qu'il puisse le réaliser. Ce fut vrai de Mozart, de de Gaulle ou de Kennedy.

Mais ce destin projeté peut être si lourd que l'enfant ne pourra assumer le projet qu'on a pour lui et qu'il adoptera des conduites d'échec.

Laissez-moi vous raconter quelques histoires exemplaires.

Antoine est centralien, il a deux fils qu'il imaginait polytechniciens, mais ni l'un ni l'autre n'ont des talents particuliers pour les études. Leur père les rejette en bloc, par déception. Quel handicap à surmonter pour ces deux garçons que d'être placés, d'entrée de jeu, sous le signe de l'échec !

Brigitte est une jolie fille, du style Catherine Deneuve, avec un visage moins sculptural, plus animé. Mariée à un médedin qui gagne de l'argent, elle a passé plusieurs années à le dépenser en courant dans toutes les boutiques chics et chères de la ville. Elle avait beau dépenser des fortunes pour se donner une nouvelle apparence à chaque saison, pour se donner l'impression qu'il se passait quelque chose, rien n'y faisait et, bien sûr, rien ne changeait. Brigitte était toujours mal dans sa peau, elle s'ennuyait, se traînait. Elle a eu la chance de rencontrer des amis psychologues qui lui ont conseillé de ne pas rester dans cet état et d'aller consulter quelqu'un. Elle a entrepris une longue et difficile démarche, mais elle dit aujourd'hui : « Mes parents ont faussé ma conception de la réussite. Pour eux, une fille se marie. Si le mari est convenable, selon leurs critères, c'est cela, la réussite. Mes parents étaient commerçants. Ils auraient aimé que je vienne travailler avec eux, mais se moquaient éperdument de ce que je pouvais vouloir pour moi. Ma réussite a été de surmonter les inhibitions de l'enfance où l'on me traitait de cancre, d'incapable. J'ai voulu me prouver que j'étais moi, que je pouvais y arriver si je le voulais. C'est ma plus grande réussite de m'être prouvé que je pouvais faire quelque chose. »

A trente-cinq ans, à l'issue d'une psychanalyse, elle a décidé de passer son bac et de faire des études universitaires. Elle est maintenant psychologue auprès des tribunaux et consultante dans plusieurs maisons d'enfants inadaptés. Le regard de son père et de sa mère a si fortement pesé sur Brigitte qu'elle s'étonne encore d'avoir su échapper à son emprise.

Lorsque j'ai rencontré Jacqueline, il y a maintenant plus de quinze ans, elle était repliée et renfermée sur elle-même. Elle me dit aujourd'hui : « Le moment le plus important de ma vie est celui où j'ai voulu me prouver que je pouvais faire quelque chose alors que mes parents ironisaient toujours sur mes possibilités. Mon enfance et mon adolescence ont été très difficiles. Ma mère me suivait dans la rue sous prétexte qu'elle ne me faisait pas confiance. L'institutrice me mettait au fond de la classe. J'entendais mon père dire : “ Ton frère François ira au lycée Bellevue et toi aussi, avec une serpillière et un balai pour nettoyer les escaliers. ” Ces “ plaisanteries ” me blessaient à un tel point que j'ai voulu m'en sortir. Ma première façon de partir a été de me marier ; je suis devenue secrétaire, j'ai divorcé et j'ai ensuite entrepris des études pour être ce que je suis, aujourd'hui, directeur du marketing dans une usine. Avec un tel handicap, j'aurais pu, j'aurais dû m'écrouler, mais tout s'est déclenché parce que j'ai rencontré des gens qui ont eu confiance en moi, qui m'ont poussée à aller de l'avant. »

« Pour mon père, raconte Antoinette, une fille avait

beaucoup d'obligations et aucun droit et ma mère trouvait que c'était bien ainsi, car elle ne contrariait jamais mon père. En fait, j'étais la fille d'un premier mariage, ma mère était veuve et je devais, paraît-il, remercier mon père adoptif de me supporter. Je ne le pouvais pas, je rejetais sa violence et sa bêtise, j'étais révoltée que ma mère puisse s'être liée à un être aussi vil : je savais intuitivement qu'une femme pouvait être autre chose qu'une planche à laver le linge. »

Antoinette a aujourd'hui trente-cinq ans, elle est acheteuse dans un grand magasin. Elle n'a pas oublié le regard que son beau-père projetait sur sa mère et sur elle-même et elle en reste profondément marquée.

Jacqueline comme Brigitte ont eu la vitalité, l'envie, la capacité, même chèrement acquise, de regarder en elles et à l'extérieur et de donner le coup de rein qui leur a permis de se réaliser au-delà de l'image imposée par leurs parents.

Ce poids du regard porté sur nous pendant notre enfance et notre adolescence est lourd de conséquence ; il conditionne une part de notre futur. Nous devons l'identifier afin qu'inconsciemment nous ne nous installions pas dans le moule qui nous a été destiné. Une enquête de 1974 révèle que 46 % des étudiants à Polytechnique sont fils de polytechniciens et que plus de 50 % des médecins sont fils de médecins. Tous l'ont-ils vraiment voulu ?

Chaque famille projette sur ses enfants ses propres modèles de réussite, ou ses propres fantasmes. Les projets ne sont pas toujours ambitieux, car ils ont pour objet de conserver, de perpétuer et de pérenniser les structures sociales et familiales. Certaines femmes savent réagir, alors que d'autres ne peuvent pas donner le coup de rein suffisant pour rompre avec l'image qu'elles se sont laissée imposer.

Écoutez, interrogez vos amies ou vos collègues et vous constaterez à quel point le regard porté sur elles dans leur enfance a été essentiel dans la constitution de ce qu'elles sont.

Il a pu être bloquant ou moteur. Nous avons profondément enterré ces regards qui restent pourtant, à tous les âges de la vie, décisifs dans les choix que nous faisons. Nous devons essayer de nous les rappeler, de les analyser pour, le cas échéant, en briser l'emprise.

Le regard de l'homme

Nous ne pouvons pas oublier que l'histoire des femmes a été écrite par les hommes. Ne clamons pas trop fort que tout a changé alors que notre passé, gravé dans l'art ou la littérature, n'est pas sorti de la mémoire collective — et singulièrement de la nôtre.

Quand Dieu fit la Terre et créa l'homme, il lui emprunta une côte pour créer la femme qui s'empressa de tendre la pomme du péché à Adam, faute que nous devons encore payer aujourd'hui. Sous-produit et instrument diabolique, cela commençait mal pour notre image de marque ! Et cela ne s'est guère arrangé pendant des siècles, en dépit de louables exceptions.

Au XVIIIe siècle où apparaît un mode d'émancipation de la femme, d'égalité de l'homme et de la femme, on lit chez Rousseau : « Toute l'éducation des femmes doit être relative aux hommes... La femme est faite pour céder à l'homme et pour supporter ses injustices. »

Le code Napoléon exprime clairement que la femme doit obéissance à son mari, il peut la faire condamner à la réclusion en cas d'adultère. La puissance du mari s'exerce sans réserve sur la femme et sur ses biens.

Auguste Comte écrit : « La féminité est une sorte d'enfance continue qui éloigne la femme du type idéal de la race. » Balzac, lui, dans *la Physiologie du mariage* affirme que : « La destinée de la femme et sa seule gloire sont de faire battre le cœur des hommes. La femme est une propriété que l'on acquiert par contrat, elle est mobilière, car la possession vaut titre. Enfin la femme n'est à proprement parler qu'une annexe de l'homme. »

Il a fallu attendre 1944 en France pour que la femme obtienne le droit de vote.

Discours du passé ? La femme ne serait plus identifiée d'abord par rapport aux hommes ?

Il est pourtant encore fréquent d'entendre, à propos de femmes qui réussissent professionnellement : « Elle investit tout dans le travail parce que c'est une “ mal baisée ”. » Ou, à l'inverse, ce qui revient au même : « Elle a réussi, parce qu'elle s'est tapée le patron. » Dans un cas comme dans l'autre, il n'y a pas d'issue : la femme est avant tout un symbole de sexualité.

Les années d'après-guerre ont fait l'apologie de la femme-objet, la femme sex-symbol, le mannequin pulpeux... Les femmes n'existent qu'en fonction « du désir de l'homme ». La presse féminine s'est fait l'écho de cette apologie de la femme-objet, de la femme à la fois séductrice et proie.

La femme se définit aussi par rapport à l'homme dans deux rôles : féminité-sexualité ou mère : « Sois belle et tais-toi » ou « Occupe-toi de tes enfants ».

La femme mère est l'éducatrice, la soignante que l'on retrouve dans les métiers dit « féminins » : infirmière, institutrice, professeur. Dans ces métiers ou la femme est en majorité, seule la proportion diminue à l'université et dans les grades élevés de la fonction.

Le regard de l'homme a différencié la femme de façon simpliste, la vamp ou la bonne épouse. L'une et l'autre étant indispensables à l'homme mais à des moments différents. Rôles joués par des femmes différentes, chaque rôle étant spécialisé et cloisonné.

Catherine, directeur du marketing dans une entreprise de cosmétologie me dit : « Pour être sûre que j'existe, je dois plaire aux hommes, je couche avec des types que je rencontre pour me prouver que je suis une vraie séductrice. Le jour où je ne plairai plus aux hommes, je n'ai plus qu'à crever. »

A l'opposé, Michèle, médecin, chef de service en dermatologie, explique : « J'ai l'image d'une fille intelligente qui a la compréhension de la vie, mais le jour de mes quarante ans j'ai senti que je devenais vieille. La séduction est liée à la jeunesse. Quand j'avais un capital de séduction, je n'en profitais pas et maintenant où je pourrais en profiter, je n'en ai plus. »

Béatrice elle, répète : « Inlassablement j'ai besoin d'admirer l'homme avec qui je vis, le jour où je ne l'admire plus, il n'existe plus. J'ai besoin d'un homme fort qui me protège. » Béatrice n'est pas une petite chose, elle est avocate reconnue, trente-huit ans.

L'archétype du regard de l'homme, c'est le père, l'amant, le mari ; ces regards s'inscrivent dans la relation affective, dans la dépendance. Les rôles sont multiples. Pourquoi la femme devrait-elle choisir un seul registre, vamp ou mère ?

Mais cette dépendance au regard de l'homme, cette façon d'y résumer son identité, les femmes en ont été et en sont encore profondément complices. « Je séduis, donc je suis. » Est-ce là *le Discours de la méthode* de la pensée féminine ? On serait en droit de s'en affliger.

Mais alors le goût, le besoin de la séduction n'est-il qu'une aliénation qu'on doit cacher comme une tare inavouable, comme un péché originel et inexpiable qui témoigne de la faiblesse de sa nature ? Qu'une femme fasse de ses possibilités de séduction sa seule preuve d'identité, donc qu'elle défère à un homme — n'importe lequel, du simple fait qu'il est homme — le pouvoir de lui accorder ou non l'existence est une navrante absurdité. Mais aimer séduire, par les jeux de l'intelligence, du charme et de l'humour mêlés, quoi de plus vivant, de plus naturel et de plus sain ?

Anouk Aimée, dont on ne peut mettre en doute la

réelle personnalité, déclare dans *Elle* : « C'est séduire qui est important, et j'adore pouvoir séduire de plus en plus. Séduire tout le monde, les garçons de café, les chauffeurs de taxi, les passants dans la rue, séduire jusqu'au bout, en dehors de toute idée de sexualité. »

« J'adore lorsque les camionneurs me sifflent dans la rue, cela montre que je peux encore plaire », dit aussi Françoise, qui est professeur à l'université. Réactions gaies, sans complexes, qui prouvent tout le contraire d'une dépendance et d'une aliénation.

Séduire, c'est voir l'effet que l'on produit dans le regard de l'autre. C'est manifester un intérêt, chercher une connivence et non pas, comme on nous l'a fait croire, une manipulation.

Après tout, qui sait si les hommes ne sont pas inconsciemment frustrés de n'être pas sifflés dans la rue ! Que celui qui ne s'est pas senti flatté par le regard d'une femme surpris dans le reflet d'une vitrine me jette la première pierre.

Le regard du patron et du milieu professionnel

Le monde du travail utilise tous les stéréotypes sur la femme :

La femme ne peut pas voyager.
La femme ne peut pas commander d'autres femmes.
Les femmes se disputent entre elles.
La femme est faite pour être dirigée.
Seule une femme peut être une bonne secrétaire.
Je n'embauche pas de femmes cadres parce qu'elles mettent le « bordel » partout où elles passent. Avec les femmes tout est sexualisé.
Moi, j'ai beaucoup de femmes dans mon entreprise, je voudrais qu'elles accèdent à des postes de responsabilité, mais elles n'en veulent pas.

Que ce soit un homme ou une femme, je traite tout le monde de la même façon.

Quand on observe ces phrases mille fois entendues, on constate qu'elles déclinent sous des formes variées trois idées reçues qu'on pourrait résumer ainsi : le travail féminin est une incongruité contre nature que seules justifient, dans certains cas, la nécessité et la dureté des temps. S'il est inévitable, les femmes au travail n'ont quelque utilité que dans la mesure où elles exercent leur métier dans l'étroite dépendance d'hommes qui les « tiennent » — auquel cas on peut leur concéder quelques mérites. Mais leur laisser la bride sur le cou, leur abandonner un champ d'action autonome, c'est prendre le risque fatal de livrer l'entreprise à une cohorte de bacchantes et de nouvelles « Messaline »...

Exagération et parti pris de ma part ? Qu'on en juge.

Jeanne dit : « Les hommes ne comprennent vraiment pas pourquoi une femme travaille. Ils acceptent parce qu'ils n'ont pas le choix. Dans le milieu où je suis, les hommes pensent que les femmes travaillent parce qu'elles ne peuvent pas faire autrement et il est vrai que mes collègues, qui sont toutes des vendeuses, ont vraiment besoin de travailler pour vivre. Mais je suis frappée par le fait que les hommes qui m'entourent considèrent encore les femmes comme une main-d'œuvre à laquelle on demande d'exécuter sans penser. »

Monique a trente ans, elle est pédiatre et hautement spécialisée dans la lecture et l'interprétation du scanner. Elle est célibataire, n'a aucune envie de s'installer en privé et voudrait avoir un poste à l'hôpital. Elle en a discuté avec le doyen qui, en 1986, lui a fait cette admirable réponse : « Ne vous faites pas de souci, chère amie, vous allez bientôt trouver un mari et vous n'aurez plus de problème. Car, vous savez, à l'hôpital je ne peux vous offrir de poste. Vos collègues masculins en ont davantage besoin que vous qui êtes jolie et charmante. »

Combien d'hommes pensent encore que le travail n'est pas indispensable pour la femme alors qu'il l'est pour eux, qu'il n'est qu'une occupation, une distraction, voire une mode, mais qu'il ne saurait, comme pour eux, être conçu comme l'investissement de toute une vie. Il en découle logiquement que la place d'une femme ne peut être au cœur de la compétition. Pourquoi diable ne se satisfont-elles pas de transporter dans l'univers professionnel ces claires vertus et ce beau dévouement qui leur sont, on le sait, « naturels ».

« Mon président est un homme de grande envergure, mais chaque fois que je lui parle de ma carrière, que je lui demande d'élargir mes responsabilités il me répond, la main sur le cœur : “ J'ai trop besoin de vous auprès de moi, vous me conseillez si utilement, votre regard sur les événements est si pertinent que je ne crois pas devoir vous donner des responsabilités qui vous accapareraient tout entière et ne vous laisseraient plus de disponibilité pour m'aider ” », me raconte Julie.

Certains hommes acceptent et reconnaissent la compétence professionnelle de la femme, mais conservent ce regard qui l'enferme dans une fonction symbolique de mère, d'épouse ou d'égérie. Elle est celle qui est « proche de », qui a « de l'intuition », « de la perspicacité », celle qui décode vite les situations, possède un jugement sûr mais qui n'a pas à prendre le pouvoir et les responsabilités, parce qu'elle y dévoilerait ses vrais talents.

Mais, surtout, la femme dans le travail est dangereuse, car elle peut, horreur suprême, utiliser les armes impardonnables de la séduction. Non seulement elle le peut, pensent la plupart des hommes, mais elle le fera fatalement. Car, si elle n'usait pas de ce pouvoir qui lui est propre, il faudrait bien admettre que sa réussite tient à des qualités dont des hommes pourraient également faire preuve. Redoutable prise de conscience.

En somme, dans le dictionnaire des idées reçues, l'homme séduit parce qu'il a le pouvoir, et la femme parce qu'elle ne l'a pas et qu'elle ne peut l'attendre que de lui.

Mais la femme ne doit pas attendre que l'homme veuille lui donner le pouvoir comme, en 1920, la jeune fille lors de son premier bal attendait que le prince charmant la fasse valser. Le monde du travail n'est pas un premier bal et le prince charmant a lui-même suffisamment de difficulté à conduire sa propre réussite pour se préoccuper de la vôtre. Nous seules pouvons prendre en charge notre développement. Tout dépend alors du regard que nous portons sur nous-mêmes.

Le regard de soi sur soi

Le regard que nous portons sur nous-mêmes est facteur d'accélération ou de frein au développement de notre personnalité. L'idée que nous nous faisons de notre valeur, de notre aptitude à la réussite explique une part importante de nos conduites.

Le regard de la femme sur elle-même est trop souvent hypothéqué par la culpabilité : « Si je ne suis pas là pour m'occuper des enfants, je risque de leur faire rater leur vie » ou par manque de confiance en soi : « Moi, une femme, je ne pourrai jamais y arriver. »

Les entretiens avec des femmes qui ont un statut social important démontrent que la vision qu'elles ont d'elles-mêmes est positive et motrice.

Danièle : « Tout mon itinéraire personnel est lié à la même chose : je veux être la meilleure, je veux être là où se passent les choses importantes de notre société. Je gagne de l'argent, mon nom est dans le journal, mais je ne me considère jamais comme " arrivée ". Je sais que non seulement rien n'est fini, mais j'ai bien l'intention que ça continue. »

Dorothée : « A partir du moment où j'ai une envie vraie, je me bats totalement pour l'obtenir. Quand je veux quelque chose, je l'obtiens. J'ai foi en moi, ce sont celles qui s'inventent des barrières qui ne peuvent pas arriver. Toute leur vie, les femmes se sont imposé des limites. J'étais en fac de droit avec des filles très intelligentes et très douées qui me disaient : " Je suis là en attendant de trouver un mari. " Pour la plupart des femmes, avoir un petit job, un salaire complémentaire leur suffit. Moi non, je veux une vraie, une grande réussite. »

Anne : « Je crois que je suis intelligente, dynamique, j'ai une bonne santé. Je sais ce que je veux et je m'y tiens. J'ai tous les atouts, je suis sur un créneau où je suis la meilleure. »

Martine : « Je n'ai pas la même optique aujourd'hui que lorsque j'avais vingt ans. Je voulais réussir mes études, avoir l'agrégation pour quitter ma famille. Je ne faisais pas attention aux autres, au risque de les piétiner. Ce qui comptait pour moi, c'était de m'affirmer. Aujourd'hui je me bagarre toujours pour ma réussite professionnelle : mon champ est devenu plus large, ce qui m'intéresse, c'est de réaliser les choses que j'aime en profondeur, je mets toute mon énergie à gagner sur tous les plans de ma vie. J'aime être heureuse. Le regard des autres sur moi est très stimulant. J'aime les amies femmes parce qu'elles ne vous ratent pas, vous disent la vérité, partagent une connivence. Elles sont exigeantes par rapport à moi, alors je vais toujours plus loin pour les épater. Les hommes ne misent jamais sur moi, les femmes, si. Ce sont toujours des femmes qui sont venues me chercher, les hommes se cooptent entre eux, les femmes ont le même regard que moi sur moi. »

Les extraits d'entretiens avec ces femmes bien dans leur peau, compétentes et socialement reconnues révèlent leur rage de gagner. Si les termes de leur réussite sont différents, le regard qu'elles portent sur elles est optimiste, confiant.

Posséder cette confiance en soi, c'est s'évaluer de manière positive, c'est se prêter les forces qui correspondent à ses objectifs, c'est vouloir mettre en adéquation ses projets et les moyens dont on dispose.

Encore faut-il, bien sûr, que cet optimisme et cette confiance ne soient pas des automystifications et que l'on évalue avec le plus de lucidité possible la réalité de ses atouts et de ses manques.

Car il est des regards malades qui déforment. Ceux-là amplifient avec complaisance des qualités, d'autres sous-estiment la réalité des difficultés auxquelles on peut se trouver confrontée. Par excès ou par défaut, ces deux myopies sont aussi dangereuses l'une que l'autre.

La défaillance du regard est un obstacle à la réussite. Les femmes qui réussissent démontrent qu'elles ont réalisé une juste adéquation entre les projets poursuivis et les moyens liés à leur personnalité. Dans l'univers du travail, trop de femmes se disent frustrées et se plaignent de ne pas avoir une fonction qui corresponde à leur objectif, un salaire qui réponde à leurs besoins alors qu'elles ne déploient aucune des qualités nécessaires. L'hypertrophie du moi, un regard sur soi déformé agace l'entourage et bloque la progression. A l'inverse, la sous-estimation de ses potentialités amènent à se fixer de petits objectifs.

Corriger la maladie du regard, c'est développer sa capacité à faire le bilan de ses possibilités, c'est accepter de se mesurer au risque de s'apercevoir qu'on n'est ni si grande ni si belle qu'on l'imaginait... C'est dessiner sa carte d'identité psychologique et intellectuelle, connaître ses points caractéristiques, ceux qui rendent différente de l'autre : les femmes ne sont pas une masse uniforme.

Mais un certain nombre de femmes refusent de réaliser un bilan d'elles-mêmes, de se mesurer, de définir leur identité par peur de découvrir leurs incapacités, leurs manques.

De là vient que tant de femmes refusent de se fixer un projet, un contrat. De rester dans le flou permet de vivre à l'économie, de ne jamais prendre le risque de perdre — donc de devoir se demander pourquoi on a perdu — mais empêche aussi de développer ses atouts. Le regard de la femme sur elle-même porte sur plusieurs variables : l'âge, le corps, la santé, l'intelligence, le style, la faculté de contact...

Pour chacune de ses variables, nous avons une série de normes, de critères, de valeurs personnelles et sociales qui favorisent, mais aussi conditionnent une évaluation. Trop souvent, nous utilisons les normes sans discrimination. Que signifie être belle ou laide? Les femmes vivent comme des handicaps des traits de leur personnalité qui peuvent devenir des atouts si elles savent les utiliser au lieu de les porter douloureusement. Le poids n'a par exemple jamais empêché une femme de s'imposer par le charme, sauf si elle choisit un métier de mannequin ou de danseuse nue.

Que signifie être intelligente? Il y a plusieurs formes d'intelligence, de l'intellectualisme à l'intelligence pratique, du sens de la synthèse à la subtilité de l'analyse. Il y a même une sorte d'intelligence poétique, plus analogique que logique, plus intuitive que démonstrative.

Mais la femme a parfois trop tendance à considérer que ses atouts sont acquis. Elle oublie trop souvent que le monde est en plein mouvement. Les femmes s'occupent davantage de leur corps que les hommes, mais moins de leur évolution intellectuelle. Une étude récente montre, par exemple, que les femmes suivent moins de séminaires de perfectionnement que les hommes.

Regardez-vous bien, mais regardez aussi l'extérieur,

regardez-vous dans l'espace, celui qui vit, bouge, se transforme. Pour se situer, il est indispensable d'avoir une vue claire de l'environnement.

Le regard de la famille, de l'homme, du patron, de soi, des autres pèse sur notre destinée. Notre autonomie nous rend moins dépendantes du regard de l'autre, mais ne le supprime pas et, si l'élargissement des normes rend les regards de la société plus permissifs, il n'annule pas leur pouvoir. Il faut donc apprendre d'abord à les identifier, puis à les gérer. Gérer les différents regards c'est :

- Analyser le regard que les autres ont porté et portent sur vous. A-t-il changé ?
- Hiérarchiser les regards : ne pas donner la même importance à des regards fondamentaux ou périphériques pour soi, ne pas se rendre prisonnière des regards futiles — ou se demander pourquoi ils ont un tel impact.
- Apprendre à connaître ses mécanismes de réponse. Quelle est votre réaction au regard de l'autre ? Agressivité, renfermement, repli, vengeance ? Et pourquoi ?
- Être au clair sur les regards que nous induisons, car notre regard conditionne le regard de l'autre. Le couple regard-image est indissociable. C'est l'image de moi que j'offre qui génère le regard qu'autrui me renvoie, mais c'est aussi ce regard reçu qui me conduit à modifier mon image.

Quand la romancière Florence Delay écrit : « La femme fardée est bien plus vraie que la femme naturelle, car elle porte sur son visage sa conception de la beauté », elle n'énonce pas un séduisant paradoxe, elle dit justement qu'il n'est ni moins sincère ni moins révélateur de montrer ce qu'on veut être, par choix ou volonté, que de montrer ce que les hasards conjugués de la génétique et de la biographie nous ont faites.

Quelle image voudrais-je donner de moi ? Quelle est l'image que je pense donner ? Et quelle est celle que les autres reçoivent ?

Il y a entre ces trois questions toute une série de décalages qu'il faut analyser. Car l'image de soi se travaille. Maîtriser son image, ce n'est pas se masquer.

Aujourd'hui la femme construit sa propre image et conditionne le regard des autres. Nous devons gérer un combiné d'images. Les images internes et externes, les images d'apparence et de profondeur.

V

PORTRAITS : IL OU ELLE ?

En 1906, les femmes françaises représentaient 39 % de la population active, dont 43 % travaillaient dans le secteur agricole. Pendant quarante ans, la proportion n'a cessé de décroître. Il faudra attendre 1975, tant en France que dans les pays industrialisés, hormis le Japon, pour retrouver des chiffres semblables. Nous vivons un tournant dans l'histoire du travail de la femme et nous devons l'observer avec attention.

Aujourd'hui, il semble que les femmes franchissent en nombre les portes des entreprises et que leurs domaines d'activité s'étendent dans les secteurs jusqu'alors réticents à l'emploi féminin.

Les années quatre-vingt apparaissent comme le seuil d'un grand mouvement des femmes vers le travail, issu de l'évolution des modes de vie, du rôle et du statut de la femme dans la société et dans la famille. En effet, si l'on se penche sur l'emploi « Cadre féminin » en général, on s'aperçoit que les cadres féminins étaient cantonnés dans des secteurs spécifiques (enseignement, cadres administratifs, services médicaux) et très peu dans les entreprises industrielles en raison de leur choix de l'orientation secondaire et supérieure (formation générale et littéraire). Aujourd'hui avec l'entrée des jeunes filles dans les grandes écoles, les écoles d'ingénieurs et de commerce, les entreprises commencent à embaucher des jeunes diplômées du sexe féminin.

Nous assistons à un renversement de la tendance. Il existe un mouvement d'ouverture des entreprises sur l'emploi féminin dans une période économique pourtant dégradée. La femme apprend doucement à se frayer un chemin dans les allées du pouvoir ou dans le monde du travail.

Messieurs, je me permets de vous utiliser pour camper les femmes dans leurs excès. Vous m'avez parlé des femmes que vous observiez, vous m'avez parfois tracé des portraits qui m'ont fait tordre de rire, car j'avoue avoir écouté avec complaisance les critiques concernant mes chères collègues...

J'utilise vos confidences pour croquer les femmes et nous aider à réagir face aux perceptions que nous pouvons faire naître par des attitudes stéréotypées.

Chères amies, je vous propose cette promenade dans la galerie des portraits de femmes qui occupent le monde du travail. La lumière y est crue, mais c'est avec humour que nous devons nous regarder nous-mêmes, chercher nos modèles et finalement fuir ce que nous détestons.

Le petit chef

La femme « petit chef » n'a pas d'âge. Son visage est lisse, impavide, n'exprime aucune émotion personnelle ; elle en fait une question de principe — pas de mélange des genres... Son regard est sérieux, sa bouche souvent soulignée d'un rouge à lèvres sec dont la teinte ne doit rien aux modes. Ses cheveux ne sont jamais décoiffés ni d'ailleurs vraiment coiffés. Il y a dix ans qu'elle a la même coupe, et certaines mauvaises langues se demandent si elle ne porte pas une perruque. Elle travaille dans une banque, une compagnie d'assurances, une usine de confection, c'est l'infirmière-chef d'un hôpital. Personne ne se souvient depuis quand elle est dans l'entreprise, mais il y a très longtemps.

Le matin elle arrive toujours avant les autres, regarde sa montre, prend un air agacé ou réprobateur si vous avez quelques minutes de retard ou si vous arborez une mini-jupe ou un pantalon. Elle commande les hommes et les femmes péremptoirement. Rien ne lui échappe, elle contrôle tout, ne fait confiance à personne. Elle est toujours en état de soupçon et se méfie de toutes et de tous comme si la vie lui avait appris à ne plus faire confiance.

Elle est organisée, consciencieuse ; sa seule vraie panique est de ne pas tout savoir sur tout — du moins en ce qui concerne le travail — car elle se fait un devoir d'ignorer les heurts et malheurs privés de ses collaborateurs. Elle s'identifie totalement à son patron dont elle vénère l'autorité, bien que, malheureusement, il n'ait pas toutes les qualités qu'elle souhaite. C'est peu de dire qu'elle est dévouée à son entreprise ; elle s'y est fondue.

La femme petit chef ne sourit pas, ne plaisante pas, ne demande pas. Elle exige. Elle n'est pas aimée, mais ne cherche en aucun cas à l'être : ce serait pour elle une faiblesse, le début d'un relâchement. Elle est très critiquée dans l'entreprise, mais elle est défendue par la hiérarchie qui pense qu'elle tient son atelier, son bureau, son service.

SI VOUS ÊTES UN « PETIT CHEF » ET SI VOUS AVEZ ENVIE DE SURPRENDRE

Commencez par des petites actions ponctuelles et répétées : dites bonjour, souriez trois fois par jour, accordez une permission spéciale, ne dites rien à propos d'un retard et félicitez votre collaborateur pour un travail bien fait. Achetez une nouvelle jupe et changez de lunettes.

La créature

La créature symbolise la présence de la femme des années trente et cinquante dans l'entreprise. C'est une star : chevelure abondante, soignée, yeux maquillés, bouche tracée au pinceau. Elle mélange les bijoux de famille, les cadeaux d'amants et le toc. Son parfum est « chic », mais peu discret.

Sa naissance l'a pourvue d'un réseau de relations exceptionnelles et elle est fière de travailler, car elle veut être « dans le coup ». L'oisiveté, dit-elle, c'est ringard.

Elle est directrice d'une maison de mode, journaliste, attachée de presse, décoratrice, chargée de relations publiques, responsable de magasin. Elle adore *Libé,* achète *le Monde,* généralement en hiver, quand le look du journal sied à son nouveau tailleur. Mais elle est obligée de lire *le Figaro-Madame,* bien que ce ne soit pas vraiment « ses idées », car elle y connaît tout le monde. Son carnet d'adresses est aussi vaste que sa liste de restaurants.

Elle est catastrophée et mobilise toute l'entreprise lorsqu'elle a fait une tache sur la cravate de son chemisier en soie ou lorsqu'elle a cassé son talon. Elle ne supporte pas plus un bas filé qu'une tenue mal assortie. Elle est drôle, vivante, aimée par certains, haïe par d'autres. Elle a le verbe haut et la réponse rapide. Les hommes la courtisent et elle sait leur décocher le compliment agréable ou la pointe subtilement vacharde.

L'humeur de la créature est, au bureau comme chez elle, rythmé par les hauts et les bas de ses amours. Elle aime les hommes et aime en être aimée, car elle pense que la séduction est l'essence même de la féminité.

La créature, grâce à son ami Jacques et à sa cousine Pauline, peut toujours décrocher à tout moment un rendez-vous avec le ministre de votre choix ou M. du Schmoll, P.-D.G. des établissements du même nom.

Elle croit au succès. Elle n'est pas dénuée de toute

inquiétude, mais son vison dark lui sert de carapace lorsqu'elle doit décrocher un nouveau contact. Elle ne supporte guère la compétition dans la place.

La créature a fleuri dans l'entreprise dans les années soixante-dix, le jour où celle-ci s'est ouverte sur l'extérieur et où on pensait que le concept de communication et de relations publiques était affaire de style mondain, de brio verbal, d'aisance et de carnet d'adresses. Elle a fait ses preuves, a réussi des coups, a fait contrepoids au petit chef, a amusé ses interlocuteurs et flatté son responsable.

SI VOUS AVEZ TENDANCE
A ÊTRE LA « CRÉATURE »
ET SI VOUS VOULEZ SURPRENDRE

Ne changez rien à votre allure extérieure : vous ne vous reconnaîtriez plus et navreriez vos admirateurs, mais par contre mettez plus de rigueur dans votre travail.

Cessez les coups de téléphone personnels et le récit interminable de votre dernier week-end à Biarritz. Apprenez que communiquer c'est d'abord écouter. Ne confondez pas présence et occupation des lieux : ce n'est pas nécessairement synonyme d'efficacité ni promesses de réalisations.

L'affolée

L'affolée est blonde, brune ou châtain. Elle porte une jupe plissée, un tailleur ou un pantalon, elle est pharmacienne, chef de produit, secrétaire, attachée commerciale.

Elle est partout et en tout temps débordée, fatiguée, surchargée. Elle a toujours égaré « le » dossier essentiel, sans nul doute parce que quelqu'un le lui a emprunté sans le lui dire. Elle sait bien qu'on lui en veut parce qu'elle est une femme. Mais ce n'est tout de même pas sa faute si son fils a une otite, si sa mère à un cancer du sein et si elle a dû être absente d'une réunion où les décisions ont été prises.

Elle a du mal à mener un projet jusqu'au bout, non par incompétence, mais parce que mille choses viennent l'interrompre. Elle accuse ses collègues de mal l'aider et cherche toujours des coupables en dehors d'elle. Tout échec est le fait de son entourage, elle a totalement perdu le sens de l'autocritique.

Elle est terriblement volubile, à la limite du bégaiement, et donne des milliers de détails qui font que l'on perd souvent l'essentiel de son argumentation. Dans les réunions, c'est une véritable calamité. Elle se défend sans cesse d'accusations que personne ne formule à son encontre.

L'affolée dramatise les situations, voit l'entreprise en faillite, le service licencié, le produit invendable ou la campagne de publicité ratée. Elle persuade ceux qui aiment les histoires catastrophe et agace tous les autres.

L'affolée sature vite son entourage, elle casse l'efficacité par son souci maniaque du détail et son incapacité à analyser l'essentiel.

SI VOUS AVEZ TENDANCE A ÊTRE L' « AFFOLÉE » ET SI VOUS VOULEZ SURPRENDRE

Apprenez à vous organiser, à gérer votre temps ; ne mélangez pas tous les problèmes — vos enfants, vos impôts, votre travail. Apprenez à vous taire et à regarder. Prenez dix minutes tous les matins pour réfléchir sur votre journée et vous fixer des priorités — et tenez-vous-y strictement. Tentez de ne plus sursauter au moindre bruit et apprenez à déléguer autour de vous les dossiers que vous ne pouvez pas traiter. Régler les problèmes avant qu'ils ne se passent mal, après il est trop tard. Vous êtes trop intensément sur l'événement pour garder de la distance.

La militante

Elle porte des chaussures plates et les cheveux *idem,* dédaigne de se maquiller et ne rechigne jamais à la tâche. Mais elle peut se bloquer pour un rien, si elle a décidé d'en faire « une question de principe ». Dans ce cas, elle a une forte tendance au martyre. Elle se désole parce qu'elle est de plus en plus isolée dans ses combats et ne comprend pas pourquoi les autres femmes sont si peu concernées par ce qui est important. Elle est dogmatique, a des idées définitives sur le chômage, le profit, la productivité, le Liban et la prise d'otages. Elle n'a pas d'humour et supporte mal tous ceux qui veulent sans cesse se singulariser. Elle aime ce qui est organisé, stable ; elle est rationnelle et se panique lorsqu'elle est confrontée à trop d'affectivité. Elle colle facilement des étiquettes sur ceux qui l'entourent — les bourgeois, les snobs, les fachos. Elle déteste tous ceux qui jouent les branchés et se désole de l'évolution de la société française.

Elle ferait bien son travail si elle n'était pas totalement absorbée dans diverses réunions : elle se sent obligée de se représenter aux élections du comité d'entreprise parce que, si elle n'y va pas, qui donc ira ? Elle est courageuse et souvent intelligente, mais elle se met parfois dans des situations sans issue parce qu'elle n'a regardé qu'un seul angle du dossier.

Hors de l'entreprise, elle fait de la marche, préside plusieurs associations. Elle est découragée par l'individualisme de ceux qui l'entourent. Elle assume les responsabilités que les autres abandonnent (mais ne se pose jamais la question de savoir pourquoi ils abandonnent).

Elle ne peut admettre que le militantisme se transforme, qu'il perde ses formes traditionnelles, que les dogmes, les vérités ne soient plus aussi intangibles, que des univers qui autrefois s'opposaient se raccordent. Tout changement est pour elle trahison.

SI VOUS AVEZ TENDANCE A ÊTRE LA « MILITANTE » ET SI VOUS VOULEZ SURPRENDRE

Lâchez prise de temps en temps, ne foncez pas sur tous les coups qui se présentent, gardez votre énergie pour les priorités. Tournez sept fois votre langue avant de « sentencer », vous prendrez vite conscience que votre efficacité en sera décuplée.

Tentez de ne plus coller à tous et à tout des étiquettes et abandonnez votre cortège de stéréotypes; forcez-vous à utiliser au moins quatre fois par jour le mot « peut-être » et posez des questions au lieu de fournir à toute occasion des réponses.

La mamma

Elle a la psychologie de la mamma, mais peut le cacher sous une allure plutôt moderne. On la retrouve souvent dans des fonctions de secrétaire générale, car elle a grimpé avec l'entreprise ou l'institution qu'elle a souvent vue naître. Elle est rigoureuse, très précieuse, car elle donne son temps sans compter, connaît tous les dossiers, veille à tout.

Elle gère l'entreprise comme le panier de la ménagère et les rapports qu'on y entretient comme ceux d'une famille, dont elle rêve qu'elle soit grande, belle.

Chacun vient se confier à elle, lui expose ses problèmes et lui raconte ses difficultés. Elle confond complètement le domestique et le politique, ne hiérarchise rien et se perd volontiers dans l'anecdotique dont les mille et un détails font ses délices. Elle forme ceux qui l'entourent à son image et veille sur eux comme sur une couvée. Elle ne s'intéresse qu'à ceux qui obéissent à la norme dont elle est le parangon et qui lui font une cour assidue. Elle attribue les promotions au dévouement.

Elle incarne les valeurs de permanence et s'en targue. Sous un aspect bienveillant, elle est très autoritaire et ne supporte pas que la moindre décision lui échappe.

Comme elle prend tout en main, elle est complètement débordée et pique souvent des crises de larmes, car quelques ingrats ou de vils intrigants l'ont contestée ou critiquée. Infatigable à la tâche mais floue dans les réalisations, elle fatigue tous ceux qui croient que le professionnalisme est indépendant du pathos et de l'effusion. Elle peut quitter une réunion dont les enjeux sont décisifs pour veiller à l'organisation de l'arbre de Noël, sous prétexte que c'est comme cela qu'on maintient un « bon esprit » dans la boîte. Son besoin de tout tenir l'amène à s'entourer de personnes moins compétentes qu'elle ; elle tisse ainsi la toile d'araignée, qui tôt ou tard la ligotera.

Une entreprise n'est pas une famille, les enjeux professionnels sont durs, compétitifs et nécessitent de la rigueur et du savoir-faire. Les êtres ont besoin d'être traités en adulte et préfèrent un objectif clair à des

SI VOUS AVEZ TENDANCE A ÊTRE LA « MAMMA » ET SI VOUS VOULEZ SURPRENDRE

Prenez la résolution de ne pas sortir régulièrement votre larmette et tâchez de jeter un regard d'intérêt sur les êtres qui ne vous courtisent pas. L'entreprise devient adulte. Gardez vos élans maternels pour l'extérieur.

discours émus. On commence par la trouver brave, plutôt attendrissante, et on finit par ne plus pouvoir la supporter.

La femme-mec

La femme-mec est en tout — ou presque — identique à son homologue masculin. Elle a la même intonation brève, la même cigarette, le même pas pressé, la même autorité faussement « copain », quelquefois même une ombre de moustache — et la même horreur des « femmes au travail ». Elle s'est taillé une forte réputation d'efficacité, peut-être plus apparente que réelle.

Vous la trouverez dans les ministères, dans les entreprises importantes. Elle ne circule jamais dans un couloir sans avoir un dossier sous le bras, débordant de budgets ou d'états d'ordinateur. Elle parle haut et fort, intimide tous ceux ou celles qui ne relèvent pas de son clan. Chacun croit qu'elle est célibataire, mais à vrai dire personne ne sait rien de ce que peut être sa vie personnelle. Elle tutoie tout le monde, n'admet guère la contradiction et sait tout. Son bureau reste toujours le

SI VOUS AVEZ TENDANCE
A ÊTRE LA « FEMME-MEC »
ET SI VOUS VOULEZ SURPRENDRE

Acceptez que d'autres femmes puissent travailler dans votre horizon, essayez de les informer suffisamment pour qu'elles-mêmes puissent occuper des positions clés, des postes à responsabilités. Parlez de vous de temps en temps. Et mettez une touche de parfum — même les hommes le font aujourd'hui.

dernier allumé. Elle a le sens de sa carrière si elle n'a pas le sens de l'équipe et se confond facilement dans l'appareil qu'elle représente. Dans le service public, elle est le service public, à l'E.D.F., elle incarne l'E.D.F., et à la Sécurité sociale, elle est la Sécurité sociale à elle toute seule. Elle est en fait très conformiste et adopte volontiers les normes de la bureaucratie qui l'emploie.

L'éminence grise

L'éminence grise est la femme d'un seul homme ou d'une seule fonction. Il y a une très grande stabilité dans sa carrière, elle y tient, car cette stabilité lui permet d'avoir l'information qui lui confère le pouvoir. Vous la trouverez à des niveaux hiérarchiques élevés : elle peut être l'assistante d'un président ou d'un ministre. Elle n'est jamais en compétition avec l'homme qu'elle suit et qu'elle manipule, car il retrouve en elle l'image traditionnelle de la femme, celle qui s'efface, qui ne prend pas de décision mais qui les oriente.

Elle est toujours tirée à quatre épingles, parfaitement à sa place, très courtisée par tous ceux qui veulent avoir accès au grand homme. Elle a des images très claires du rôle de la femme, sait garder les secrets, éviter les erreurs, mais ne supporte pas de ne pas être dans le secret des dieux.

Elle est très organisée, a de réelles capacités relationnelles, mais peut être impitoyable avec ceux et surtout celles qu'elle soupçonne vouloir la court-circuiter. Elle travaille douze heures par jour et ne se plaint jamais. Elle encaisse les sautes d'humeur du grand homme, car c'est un « signe de sa prodigieuse personnalité ».

Elle a été toujours bien acceptée par les générations passées, mais gêne les jeunes générations qui supportent mal ce pouvoir occulte. Personne ne peut savoir ce qu'elle pense ou ressent et chacun se demande quand elle trouve le temps d'aller chez le coiffeur, le masseur ou le couturier, car elle est toujours impeccable et ne porte jamais deux jours de suite la même tenue.

SI VOUS AVEZ TENDANCE A ÊTRE L' « ÉMINENCE GRISE » ET SI VOUS AVEZ ENVIE DE SURPRENDRE

Ne vous crispez pas trop dans votre rôle. Vivez détendue, moins close sur votre petit monde confidentiel. Il serait pour vous plus prometteur de prendre les responsabilités à bras-le-corps si le pouvoir vous attire, mais plus par personnes interposées.

La jeune louve

Jeune, diplômée, sûre de ses atouts et de ses capacités, elle a décidé de conduire une carrière remarquable. C'est souvent une jolie fille, dans le coup. Cynique, elle ne s'encombre pas de scrupules pour arriver à son but.

C'est une femme libérée, mais on ne l'achète pas. Elle séduit, sait jouer la chatte, mais considère les hommes comme globalement très inconsistants.

Elle se trouve toujours là où se situe le pouvoir, elle a la relation qu'il faut avoir au bon moment. Elle ne manque jamais un déjeuner ou un cocktail, mais sait que la flagornerie est peu payante.

Elle n'hésite pas à passer à l'attaque, voire à prendre les devants, car elle est courageuse et déterminée dans ses options. Elle ne s'embarrasse pas d'affectivité et ne mélange en aucun cas sa vie personnelle et son travail.

Elle aime époustoufler son entourage, possède une confiance en elle sans faille. Elle a du brio, et pas de chaleur, car elle peut être extrêmement sèche et dure. Elle pense qu'il n'y a qu'à foncer pour réussir et se situe à l'opposé de l'éminence grise : elle adore le pouvoir ostentatoire et s'en empare avec jubilation.

**SI VOUS AVEZ TENDANCE
A ÊTRE LA « JEUNE LOUVE »
ET SI VOUS VOULEZ SURPRENDRE**

Ne vous cantonnez pas à un seul et unique registre. Son ampleur vous permettra de vous adapter aux différents âges de la vie, aux turbulences de l'environnement. Donc, ne risquez pas votre personnage. Songez dès maintenant à vous forger quelques alliances solides qui ne doivent rien à la conjoncture et à la mode. Faites valoir votre rigueur et votre intelligence tout autant que votre force de vie. Et résistez à un bon mot par jour... Dans le lot, il y a fort à parier qu'il y en aura plusieurs que vous vous féliciterez, plus tard, d'avoir retenus...

Messieurs, est-ce vous qui avez oublié ces autres femmes de votre entourage ? Celles qui « débrouillent » tous les dossiers, celles qui organisent, celles qui décident, celles qui sont des moteurs, celles qui travaillent sans la « ramener », celles qui sont drôles, celles qui sont efficaces...

Je vous fais un procès d'intention. C'est moi qui n'ai gardé dans mon souvenir que les « femmes par excès ». Les caricatures croquent les situations en forçant le trait, elles ont pour fonction de nous faire rire et de nous éclairer sur des travers qui masquent la réalité de ce que nous sommes. Mais elles ne doivent pas nous faire oublier qu'il existe d'autres femmes qui sont pour vous et moi des images d'identification. N'oublions ni la « tzarine », ni la « pro », ni Sophie...

Car il y a la « tzarine »...

Elle a réussi, elle est reconnue par tous. Son pouvoir est énorme, elle fait autorité dans son milieu. Ses compétences et son ascendant lui confèrent une aura. Elle est entourée d'une nuée de courtisans entre lesquels elle instaure une hiérarchie subtile et sans cesse modifiée par d'inexplicables décrets — ce qui use les nerfs des plus faibles ou des moins motivés. Elle a sa clientèle, ses relais, ses réseaux.

Elle paraît inatteignable, car elle a caché son affectivité derrière sa compétence. Elle déclenche les passions ; on l'adore ou on la hait. Elle impose ce qu'elle est : on négocie peu avec elle, on l'accepte ou on la fuit.

La rencontre avec une tzarine est toujours un événement exceptionnel, car elle transforme son milieu et ceux qui l'approchent, mais elle est capable d'être une tueuse avec ceux qui ne comprennent pas, ou mal ce qu'elle émet.

Elle fait le bonheur des médias, car sa personnalité n'est jamais conforme aux idées reçues, aux comportements « normaux ». Elle se moque superbement du qu'en-dira-t-on : à son lieu, c'est elle le modèle et la loi. Elle étonne, détonne, surprend, assène, affirme. Elle marque son temps et sa génération.

Mais il y a la « pro »...

C'est une femme qui gère ses contradictions et réalise ce qu'elle est. Ce qui étonne d'abord chez elle au premier abord, c'est son extraordinaire professionnalisme. Elle s'est imposée par sa compétence. Elle ne vit pas dans l'excès mais dans l'équilibre et l'harmonie. Sa force s'impose : elle ne l'impose pas. Vous êtes ébloui par sa faculté d'analyse et de synthèse, elle propose, son intelligence fonctionne très vite ; elle étonne, car elle utilise toujours le mot juste pour résumer une situation ou proposer une solution.

Elle n'a aucune aménité pour ceux qui sont mauvais et les remet à leur place d'un mot ou d'un simple regard. Si vous dépassez l'apparence, vous vous apercevez que le charme de cette femme est bien au-delà de son intelligence. Son habillement est aussi raffiné que son intellect. Regardez-la : l'hiver, elle est enveloppée dans un ensemble en cachemire qui rassemble des camaïeux de gris, de marron ou de camel, elle n'hésite pas à se draper dans un trench en cuir noir qu'elle porte à merveille, ni l'été à porter des T-shirts blancs, du lin noir et de la soie toujours douce au regard.

Rien n'est conventionnel, et tout est raffiné. Jetez un coup d'œil sur son sac, il est immense, il cache tous ses secrets, ses photos, ses souvenirs, son carnet d'adresses, une brosse à cheveux, des stylos, des rapports et une dose d'amour de la vie qui lui permet de réussir.

Et il y a aussi Sophie...

Sophie est chef de service dans un ministère. Elle est grande, mince, à des yeux bleu d'océan, des cheveux courts. Rapide et vive, elle a le sens du diagnostic et de la repartie. Elle est différente des hommes qui l'entourent, moins enfermée, moins uniforme, moins agressive, plus créative. Elle a trouvé son lieu d'expression, son travail est un plaisir, on le lit sur son visage.

« Je n'avais jamais envisagé à quel point, nous les femmes pouvions être sur un registre neuf. C'est beaucoup plus que le sexe qui fonde notre différence. L'approche du travail, les modes d'expression et de reconnaissance ne sont pas du tout les mêmes. Je suis frappée de voir que dans les ministères, qu'ils soient de droite ou de gauche, je retrouve les mêmes schémas, les mêmes modèles... Sauf dans les ministères — de droite comme de gauche — où il y a des femmes ministres. Je crois que nous n'attendons pas la même chose du travail que les hommes, c'est pourquoi nous n'avons pas le même rôle à jouer. Par exemple, avant ma venue, personne ne prenait jamais la parole dans les réunions pour contester le directeur ou lui poser des questions, et depuis que je suis là et que je dis tout haut ce que beaucoup pensent tout bas le climat, la productivité de ces réunions ont totalement changé. Et, bien loin d'en être furieux, le directeur est ravi. Il ne lui était d'aucune utilité d'avoir une simple chambre d'enregistrement. Il faut qu'il y ait des femmes pour transformer ce monde sclérosé... »

J'ai questionné et fait réagir des hommes sur les femmes et le travail. De nombreux responsables m'ont affirmé que l'arrivée de femmes dans leur entreprise ou leur service ont modifié les types de relations ou la façon de travailler. La femme n'est plus cet objet dont on se méfie, car elle risque de pervertir les relations de travail. C'est une notion qui aura de moins en moins cours dans les années à venir. Mais cessons aussi d'identifier les hommes comme une barrière à notre entrée dans le monde du travail. Ne nous figeons et ne figeons pas l'autre dans des stéréotypes qui finissent par devenir des carapaces ou des armures. Nous ne sommes pas des frères ennemis...

Les femmes ont trop souvent cru qu'il fallait être « unisexe » pour réussir, c'est-à-dire se comporter comme un homme — voire comme une hyperbole d'homme — et perdre toutes leurs spécificités. J'ai beaucoup milité pour faire valoir qu'il ne devait pas y avoir de différence entre l'homme et la femme dans le travail. Je remets en cause ce combat, car je crois maintenant qu'il existe des différences d'approche, de visions des problèmes. On peut longuement épiloguer pour savoir si l'origine en est génétique ou sociologique. Je n'ai pas compétence pour proposer une réponse. Et les causes m'intéressent moins que les effets.

Il faut s'entendre sur les « bonnes » et « mauvaises » différences. Si la différence induit une supériorité et une infériorité avec leurs conséquences sur les statuts, les salaires et les rapports au pouvoir, il faut combattre cette notion. Mais, si la différence implique la multiplicité des réflexions, l'ouverture des points de vue, elle est un gain inappréciable. Car les différences sont la richesse d'un groupe. Une équipe ne peut être un rassemblement d'individus identiques. Ne commettons donc pas la folie de nous fondre dans des modèles masculins pour réussir. Ce n'est pas seulement nous que nous desservirons, mais l'équipe tout entière.

Pour cela, il faut que vous soyez bien dans votre peau, que vous soyez vous-mêmes — ce qui implique que vous sachiez qui vous êtes, que vous vous identifiez clairement. « Connais-toi toi-même » : telle est l'inscription inscrite au fronton du temple de Delphes. Et, depuis l'Antiquité, tous les sages l'ont répétée. Nulle entreprise n'est plus difficile. Mais nulle n'est plus indispensable.

VI

EN GUISE DE CONCLUSION

Pourquoi un livre sur les femmes, avec les femmes, pour les femmes, alors que je ne vis et travaille qu'avec des hommes ? Toute ma vie j'ai combattu pour l'égalité et c'est au nom de la différence que je l'ai écrit, ce livre. Je me demande, avec une certaine inquiétude, ce que les hommes pourront en penser. Pourront-ils s'y retrouver ?

En me remémorant les derniers mois que j'ai vécus, j'acquiers la certitude d'un vécu qui nous est propre. Trimestre surchargé mais passionnant où j'ai voulu mener à la fois toutes mes ambiguïtés et contradictions. J'ai puisé dans la futilité la force de réaliser le plus difficile. J'ai travaillé avec d'autres femmes qui comme moi ne voulaient rien abandonner d'elles-mêmes. Elles s'appellent Françoise, Monique, Jeanne, Sabine, Dominique, Annie, Martine, Anne, Nicole, Jo, Sonia, Sylvie, Jeanine, Lise, Charlotte, Béatrice, Francine, Marlène, Pierrette, Évelyne, Sandrine, Élisabeth, Danièle, Daisy, Pat, Betty, Michèle, Florence. Elles sont là pour transformer le monde qui nous entoure.

Nous sommes des femmes à multiples visages et multiples combats. Nous vivons avec nos défauts, nos succès et un cœur de midinette qui ne nous masquent pas la réalité. Nous savons que le combat sur soi, pour soi, pour les autres est difficile. Nous savons que tous les matins nous recommencerons, car rien n'est vraiment acquis.

Nous savons ce que signifie vouloir en faire trop et concilier ce que certains appellent à tort l'inconciliable. Nous savons que ne renoncer à aucune part de soi est un enjeu à notre portée.

Comme vous, j'ai senti certains soirs l'amertume de la solitude sur mes lèvres. La responsabilité isole, le monde du travail est dur, indifférent, mais il est aussi création et vie. L'un et l'autre sont exigeants, impitoyables. Comme vous, je cherche ceux qui me protègent, qui me prennent en charge. Je cherche le bras d'un de mes fils autour de mon cou pour apaiser mes inquiétudes.

Chacune de nous vit ce lot de choses inconciliables que nous menons de front et que nous avons choisi de ne pas abandonner.

Être femme en cette fin de siècle, c'est accepter de réintégrer l'affectif, la sensibilité, l'intuition dans un monde qui avait cru que le progrès scientifique résoudrait tous nos problèmes.

Pour cela il faut choisir de s'accepter telle que nous sommes, de développer nos atouts, de ne pas économiser nos forces, de transformer les rapports de puissance en rapport d'utilité, de solidarité.

Chacune, nous vivons un parcours, mais le plus difficile reste de lui donner un sens, de ne pas céder au découragement, de croire que demain est tissé d'espoir pour vous et pour les autres.

Femmes, vous et moi partageons la folie du TOUT, de la vie, mais c'est ce grain de folie qui nous permet de réussir nos vies.

Le 15 mai 1987, je sors de l'hôtel Méridien entre la Ve et la VIe Avenue, au niveau de la 56e Rue. Je suis happée par New York qui me conduit vers les immeubles que j'aime. Je suis en retard à mon premier rendez-vous, mais je ne peux m'empêcher d'entrer dans Trump Tower pour admirer la cascade qui déferle sur l'immense mer de marbre rose. Je voudrais aller à pied jusqu'à Wall Street, lieu de mon rendez-vous, où j'organise un séminaire sur l'évolution des marchés financiers à New York. Mon interlocuteur m'attend, il s'appelle Jack, il est grand aux yeux bleus et doit être irlandais. Il porte un costume en alpaga bleu marine et une cravate qui pourrait être celle de son club de golf. Il est étonné, excité, un peu dépassé par ce qui se passe à la bourse de New York. « C'est grave, me dit-il, si nous perdons tout sens de l'éthique. » Il faisait allusion aux fameux scandales du *raider* Yvan Boesky qui avait vendu des informations pour faire grimper des actions. J'ai appris par le doyen de la Business School de Berkeley qu'il était un de leurs très brillants anciens. Cette Amérique s'affole dans ces contradictions, son dieu dollar la conduit à la folie, elle est pourtant là, vivante, enthousiaste... C'est sur ces pensées que je m'engouffre dans Bloomingdale pour acheter un haut décolleté en soie noire. J'étais en retard à mon second rendez-vous, mais tellement ravie d'avoir trouvé le décolleté de mes rêves.

Je le mettrai ce soir pour retrouver mon vieil ami Bill. Il est comme moi professeur et consultant en management. Il y a des années que nous nous connaissons, que nous échangeons des impressions sur tout. Mes discussions avec lui vont des nouveaux concepts stratégiques à nos interrogations sur nous-mêmes.

Le samedi 23 mai, je n'ai aucun rendez-vous ; je vais attendre deux amis qui arrivent par le Concorde. 2 h 50 de vol... Je ne leur laisse pas le temps de souffler et les embarque dans une nouvelle découverte de New York avant de nous mettre au travail dans un bar « library ». Nous buvons des whiskies Sour, entourés de milliers de livres et discutons de la structure du prochain séminaire.

J'ai découvert de nouvelles boutiques dans Madison Avenue, j'ai retrouvé un restaurant à la place de l'hôtel où quinze ans plus tôt j'avais rencontré le prince de Venise. L'hôtel a été vendu par appartement, seul l'immense porte d'entrée bronze et or est restée la même. Il est à deux pas de Greenwich Village, au coin de la Ve Avenue et de la 24e Rue. Je vous le conseille, si vous allez à New York.

San Francisco et Los Angeles succèdent à New York. La côte ouest ne présente pas le même intérêt pour une femme amoureuse de New York. J'oublie sans doute que je ne suis pas là pour mes coups de cœur, mais pour faire le point sur l'évolution de la formation au management chez nos partenaires américains. Les discours sont comparables, ils me disent : « c'est sur les hommes que nous ferons la différence... Nos centres d'intérêt sont le Pacifique, nous travaillons avec le Japon, la Corée, Taiwan... et construisons des accords avec la Chine... L'Europe n'a pas d'existence vraie, nous sommes fascinés par le Japon. Nous organisons de nouveaux séminaires sur le leadership..., le développement des personnes... »

Je me remémore ces idées en marchant sur Rodeo Drive. C'est l'avenue la plus chère du monde, dans Beverly Hills. Hollywood est à 10 mn en voiture. Rodeo Drive est bourrée de boutiques portant la griffe des designers du monde entier. On y retrouve ce mélange de luxe, d'argent et de décontraction qui marque Los Angeles.

Tout à coup, je rencontre le sac de ma vie, celui qui me permettra de tout caser, de tout cacher. Il est italien, noir, façon croco, je peux y glisser un petit porte-documents de la même signature. Je rejoins mon hôtel. La chambre est hollywoodienne, je me coule dans un bain et dans la peau de Marilyn Monroe, j'essaie tous mes tailleurs en lin pour savoir lequel mettre ce soir. J'ai très envie de me mettre en valeur. Je téléphone à mes enfants qui préparent leurs examens en France. Rassurée, je suis prête à savourer une soirée californienne dans une vaste villa abritée d'arbres bleus. Je vis intensément un de ces moments où la vie vous gâte, où l'on ressent ce qui doit s'appeler le bonheur.

De retour à Paris, le rythme s'accélère. La fin de l'année universitaire approche, les engagements succèdent aux engagements, les conférences aux conférences, les rendez-vous aux rendez-vous. Je panique en pensant aux examens de mes fils. Je me sens impuissante, inutile. Et s'ils étaient collés ? Leurs déceptions, leurs échecs sont toujours pour moi un coup d'épée dans le cœur. Je ne supporte pas l'idée qu'ils puissent en baver alors que je répète à qui veut l'entendre que ce sont les échecs, les crises, les responsabilités qui forgent chacun de nous. Notre maturité s'achète à coups d'efforts, d'angoisses, de difficultés, et j'aimerais en protéger mes enfants. Je n'en ai pas encore fini de mes contradictions !

La douceur des soirées californiennes est envolée, il pleut à Paris en juin, les gens sont énervés. J'ai piqué une crise de larmes en comité de direction face à ce que je croyais être la perversité et la mauvaise foi d'un de mes chers collègues. La femme qui pleurniche me fait horreur et les larmes sont parfois la seule réponse que je sais trouver.

Je résous mes larmes en achetant une extraordinaire paire de chaussures rouges chez Maud Frison, mais aussi en réussissant la première remise du Grand Prix du Livre financier que nous organisons avec *l'Express*. Les grèves d'avion m'épuisent, mes voyages Paris-Toulouse, Lyon-Marseille deviennent difficiles. Nous sommes le 7 juin, 7 heures du matin, il pleut, il fait froid. L'ambiance est lourde dans l'aéroport ; nous sommes 350 hommes et 20 femmes parqués depuis une heure en salle d'embarquement, attendant l'avion en partance. C'est la grève. J'ai réussi à trouver une table sur laquelle je me suis assise... Un type hurle : « Madame, je vous ordonne d'éteindre votre cigarette ! » Il ne s'adresse pas à moi, mais à une jolie fille brune. L'homme en question a l'allure du jeune cadre sûr de lui. Je me retourne et lui demande de changer de ton pour parler à une femme et j'entends : « Vous êtes toutes des putes, vous m'emmerdez. » L'ambiance est lourde, les cadres et dirigeants distingués de l'Airbus A 320 de 7 heures du matin n'osent guère prendre parti, sauf ceux qui pensent que la fumée des autres déclenchent leur propre cancer. Je cherche au fond de mon sac mon paquet de Marlboro, j'ouvre doucement le paquet, trouve un petit briquet bleu marine et allume ma cigarette. Une forte solidarité s'est nouée entre cette fille et moi. « Toutes des putes ! » La masse des cadres supérieurs entassés me donne la nausée. Ils sont tous là, incapables de prendre parti, acceptant les contraintes de leur vie comme une fatalité. Je suis exténuée, le mauvais temps me tape sur le système. Le lot des stress, des fatigues, des obstacles à surmonter me semble plus lourd que d'habitude...

A quoi bon cette course folle ? Pourquoi et pour qui ? Je me réveille à 5 heures du matin, je fais la liste des choses à faire. Les listes me rassurent... Dans ce brouillard quotidien, mon seul rayon de soleil reste : « Paris solde dès le 10 juin. » Le 11 juin nous partons avec Francine, notre attachée de presse, pour une conférence à Orléans. La peur me tenaille l'estomac avant chacune des conférences. Je fais partie de ceux qui connaissent le trac.

Nous traversons le 16e lorsqu'un immense panonceau « Solde » arrête mon regard. Nous nous garons face à la boutique, ce qui nous vaudra un P.-V., et nous nous enfilons comme deux hystériques dans le magasin. L'une et l'autre partirons avec un tailleur de lin. Le mien est noir. Je l'enfile immédiatement, relève les manches qui sont un peu longues et m'assure la réussite avec un tailleur neuf. Cet arrêt a failli être dramatique : la conférence démarre à 18 heures et nous n'atteignons l'autoroute qu'à 17 heures juste. Pas de contrôle radar... à 18 heures nous pénétrons dans la salle.

Les conférences se succèdent. Après Orléans, c'est Lille, Nantes, Vichy et Bordeaux. Dany, Sonia, Fernande et moi sommes sur l'autoroute Bordeaux-Toulouse. Je planche, Sonia explique, elle, ce que signifie être un leader. Elle s'est bagarrée à travers la France pour être au cœur de l'événement, elle est à l'écoute, à l'affût. Restaurant, boîte de nuit, prêt-à-porter, tout lui réussit. Elle se développe aussi vite que l'événement, elle est atypique dans le monde policé des dirigeants d'entreprise. Mais son langage de bon sens ramène sur des réalités alors que le dieu de la théorie nous embarque sur des sphères fumeuses. Elle dérange, car elle réussit. Mais elle ne s'arrête pas.

De retour à l'hôtel, nous nous précipitons sous la douche et nous nous retrouvons, nous les femmes d'affaires, les femmes-locomotives, en train de discuter très sérieusement de nos bourrelets et des moyens de les faire disparaître... La réussite de ce soir ne m'a malheureusement pas assuré celle du lendemain. La grève des aiguilleurs du ciel et des pilotes continue. Harassée, je prends le train de 0 h 15 pour Paris. Mal installée dans ma couchette, je panique à l'idée de prendre l'avion pour Tokyo dans quelques heures.

Assise au bout du quai de la gare d'Austerlitz, j'attends qu'Alain vienne me chercher. Je suis seule et je me demande une fois de plus après quoi je cours. Des larmes de fatigue montent dans mes yeux, quand deux Marocains demandent à un Noir assis à côté de moi de leur lire un papier. Ils ne savent pas plus lire les uns que les autres. Je m'approche, je leur lis le message et leur écris l'adresse sur un bout de feuille sale qu'ils me tendent avec un stylo-bille qui n'a pas d'encre. Une gare à six heures du matin vous ramène durement à la réalité. Je vis comme une privilégiée dans un monde de privilégiés et j'en oublie la réalité. Les beaux quartiers, les beaux hôtels, les « first » en avion me font oublier mon combat pour l'homme.

Il est vrai que je ne lésine pas sur mes engagements professionnels et me lance à fond dans l'exercice de ma responsabilité. Je crois donner énergie, enthousiasme à ceux qui m'entourent. Mais ces deux Marocains me rappellent que ne posséder ni l'écriture ni la lecture sont le plus terrible des handicaps. Cette société n'ouvre les chemins de la réussite qu'aux plus nantis. L'argent ne confère plus la totalité du pouvoir, ceux qui possèdent la connaissance prennent le pouvoir. Nous, les femmes, qui avons accès à la connaissance, à quoi l'utilisons-nous ?

Sommes-nous trop éloignées encore des engagements politiques qui seuls peuvent transformer les rapports de force entre les nations ?

C'est à Tokyo que je terminerai le dernier périple sur la vie des femmes plongées dans le monde du travail.

Je déambule dans les couloirs de l'aéroport de Narita. Pour une fois, mes pieds ne sont pas enflés après douze heures de vol, je regarde ce ciel épais d'où dégouline une pluie fine. Il est 9 h 30 du matin. Je me remémore les rendez-vous de la journée. Je suis en forme, pas trop fatiguée, je me regarde dans une glace et trouve que mes cheveux sont vraiment trop courts, mon ensemble de lin beige légèrement fripé et je rêve d'une douche froide. Je suis la première à l'immigration, l'officier japonais est affable, plonge son regard dans mon passeport et me demande où se trouve mon visa. J'étais à Tokyo il y a 9 mois sans visa... Je me faufile dans la queue du 3e bureau et espère bien passer. Un Japonais aux cheveux noirs et regard sombre me refuse l'entrée et me renvoie au bureau central. Je ne comprends rien, je ressens soudain la fatigue sur mes épaules et la colère me monte à la gorge. Je cherche les coupables, mes mains transpirent. Le bureau ressemble à tous les bureaux d'immigration du monde, des bureaux en fer triste, des officiers en bleu marine et blanc, des visages durs et sévères. Je m'assieds sur une chaise en bois en attendant que quelqu'un daigne s'occuper de moi. Un homme de carrure moyenne s'approche et me dit d'un ton sévère : « Vous ne savez pas que depuis mars le visa est obligatoire ? C'est le gouvernement français qui a commencé à pénaliser les Japonais qui viennent en France... Nous avons bien sûr fait de même. »

Un air humble et soumis sera plus efficace que l'arrogance et je lui présente mes excuses pour mon ignorance. Nous nous enfilons dans les couloirs de l'immigration avant de pénétrer dans un vaste carré découpé en bureaux. Mon interrogatoire commence : « Pourquoi êtes-vous là ? Qui connaissez-vous ? L'officier appelle un de mes partenaires japonais. Il est absent, dans 2 heures il sera de retour. Nous devons attendre. Je perds mon calme, la colère grimpe, l'arrogance aussi. Je réussis à les persuader ; ils sont nombreux autour de moi ; ils téléphonent au directeur d'Air France, mais le numéro est faux.

J'appelle le troisième numéro de la liste, celui de mon amie Françoise Maurechand. Elle est absente, mais son mari Tatsugi, un Japonais, me répond. Je lui passe l'officier qui revient, le sourire aux lèvres et me dit : « Vous êtes une amie de Maurechand ? Je vous envie... » Soudain tout s'arrange. Un grand soulagement s'empare de moi ainsi qu'un immense étonnement, les flics de Tokyo me laissent passer parce que je connais Françoise... Elle a décidément un impact que je soupçonne mal depuis la France.

Trois jours à Tokyo de course folle, de rendez-vous en rendez-vous, de taxi en taxi. J'ai quand même réussi à m'acheter des maquillages et des pinceaux merveilleux chez She Uemara que j'ai payés trois fois plus cher qu'à Paris, car le cours du yen est affolant. Mais je ne m'en suis aperçu qu'après.

Mon voyage doit se terminer à Kyoto.

Je prends le Shinkansen pour m'y rendre.

Ce train ressemble à un avion. Je suis en avance sur le quai et observe l'équipe — six femmes et un homme — qui nettoie le wagon où je vais m'installer. Comme dans le taxi le repose-tête est recouvert d'une dentelle blanche, changée à chaque voyage. A mon arrivée, Françoise Maurechand est sur le quai, nous nous embarquons comme des collégiennes à l'hôtel où nous pouvons bavarder sur les affres et les joies de la vie de femme d'affaires.

Chacune fait le point de ses projets. De l'angoisse de la solitude d'une femme qui réalise ses projets. Bientôt cinquante ans pour l'une et l'autre ; la lutte est dure. Chacune à l'autre bout du monde nous vivons le même défi de tout conduire à la fois. Tout se mélange dans notre discussion : notre tailleur d'été, la collection d'Issey Mikaye, sa dernière conférence sur l'esprit créatif pour le patronat japonais et ma dernière conférence sur les leaders. Tout cela dans un restaurant japonais où nous buvons du champagne et mangeons de la langouste découpée vivante et cuite sur une plaque chauffante installée sur notre table.

Nous parlons du chemin qui reste à parcourir, de notre enfance, de demain, de nos nouveaux projets professionnels, de nos enfants, de l'homme aimé.

Samedi matin, la pluie s'est arrêtée et le soleil se lève sur Kyoto. C'est une journée de vacances, je prendrai ce soir l'avion de 18 h 30 à Osaka vers Paris.

On ne peut connaître le Japon sans voir Kyoto. J'ai découvert les temples japonais, un grand maître du Zen et une Française célèbre au Japon. La porte en bois sculptée du temple est somptueuse. Sitôt franchie, un monde de gamines et de gamins en marine et blanc se jettent sur Françoise pour prendre des photos et quémander des autographes. Des enfants, des adultes, des vieux, des jeunes, des femmes, des hommes hurlent, crient, sourient, s'arrêtent lorsqu'elle déambule dans les allées de Bambou à Kyoto. Je n'en crois ni mes yeux ni mes oreilles. Cette femme est au Japon une extraordinaire image d'identification. Elle symbolise peut-être le rapprochement entre plusieurs mondes, elle parle japonais, elle accepte les photos, les poignées de main, elle écrit des livres en japonais et réalise des émissions de télé. Je suis amusée, honorée, époustouflée par ces manifestations d'admiration et découvre au Japon une Française qui est le symbole du futur, alors que nous, en France, nous l'ignorons totalement et préférons nous repaître de l'affaire Grégory ou des frasques de telle ou telle princesse.

Nous rendons visite au grand maître Hirata Seiko, ami personnel de Françoise. C'est un bonze, il attend notre visite. Nous pénétrons dans le temple où un jeune bonze, le crâne rasé, serré dans un kimono bleu marine s'agenouille à deux reprises sur un tatami et nous salue en penchant son front jusqu'à terre. Nous quittons nos chaussures, pénétrons pieds nus dans le temple, avançons dans une petite pièce carrée, cloisonnée de papier japonais. Trois coussins au sol ; nous nous agenouillons en attendant la venue du maître. Je ne suis pas habituée à m'asseoir sur les genoux. Le coussin est moelleux, mais je souffre de tiraillements horribles. Le maître pénètre dans la salle vêtu d'un kimono blanc, couvert de soie transparente, couleur bois. Un sac de soie beige est pendu à son cou.

Son crâne est lisse, ses yeux brillent d'intelligence, son sourire est large. Il s'agenouille face à nous et commence à parler. Il s'excuse de ne pas parler français et nous explique que lorsqu'il rencontre le pape ils parlent allemand. Une grande paix émane de cet homme. Je lui pose quelques questions sur le Zen en repensant aux jardins Zen que j'ai visités. « Dieu est partout et, nous, nous prônons l'harmonie de l'âme et du corps. Nous refusons un dieu transcendantal, en quelque sorte nous sommes des athées qui croient en Dieu.

Chacun de nous est à la recherche de l'harmonie, nous dit-il. L'harmonie passe par la conquête de soi. »

Hommes et femmes encombrés ou nantis d'une sensibilité forte, tiraillés par nos ambiguïtés et nos contradictions, désireux de mener de front nos multiples facettes faisons nôtre la phrase d'Akira : « L'harmonie passe par la conquête de soi. »

Harmonie, conquête de soi, ces mots raisonnent en moi quand soudain j'entends le stewart dire : « A gauche de l'appareil vous pouvez apercevoir le Fuji-yama. »

Achevé d'imprimer en janvier 1988
sur presse CAMERON
dans les ateliers de la S.E.P.C.
à Saint-Amand-Montrond (Cher)

— N° d'édit. 88011. — N° d'imp. 3161-2432. —
Dépôt légal : janvier 1988.

Imprimé en France